LETTRES
CHOISIES.

I.

Deux exemplaires de cet ouvrage ont été déposés à la Bibliothèque impériale. Je saisirai tous ceux qui ne seront pas signés par moi.

Paris, le 15 octobre 1806.

LETTRES

CHOISIES

DE VOITURE

ET BALZAC,

PRÉCÉDÉES D'UN DISCOURS PRÉLIMINAIRE ET D'UNE NOTICE SUR CES DEUX ÉCRIVAINS.

TOME PREMIER.

~~~~~~

PARIS,

DENTU, Imprimeur-Libraire, quai des Augustins, n.° 17.

M. D. CCCVII.

DISCOURS
PRÉLIMINAIRE.

Le style épistolaire est la marque distinctive de l'esprit et de la bonne éducation ; aussi de tous les moyens de succès il n'en est peut-être pas de plus infaillible. On a donc bien raison d'y consacrer des soins particuliers, et de prescrire, dans un genre aussi utile qu'aimable, l'étude des meilleurs modèles.

Mais il est, ce me semble, des tems où l'on attache à ce style plus de prix, ou du moins plus d'attention qu'en d'autres tems ; où les recueils de lettres bien écrites sont plus recherchés ; où l'on est cité dans la république des lettres, sans autre titre que son style épistolaire; où l'on s'occupe des règles qui peuvent en fixer l'idée.

C'est ce qu'on a vu en France à la naissance du bon goût. Quand déjà la bonne compagnie avait trouvé dans ses manières, les formes les plus gracieuses, elle en était encore à chercher et à fixer celles du langage. A cette époque, entre les dernières années de Louis-le-Juste, et les belles années de Louis-le-Grand, brillèrent Voiture et Balzac, dont ou examinera ci-après le tour d'esprit et de style épistolaire.

Ce qu'on vit alors se voit encore maintenant; on en dira la cause.

Depuis Pascal et Racine, non seulement on connut l'art d'écrire, mais à Paris, comme à la cour, on parla communément si bien qu'on n'eût pas su comment parler mal, et il fut reçu de dire *qu'on doit écrire une lettre tout comme on parle*, règle en ce tems-là très-simple et parfaitement juste; c'était exprimer, en un mot, qu'une lettre bien faite devait être semblable au ton des gens bien élevés, c'est-à-dire également loin de la prétention des beaux esprits de province, de l'emphase des demi-littérateurs, et des gaucheries maussades de l'éducation négligée.

Nous n'en sommes plus là, et pour ne pas reculer vers la barbarie, on ne saurait trop s'attacher aux bons livres, et entre autres aux modèles de goût dont les bons recueils nous offrent la tradition.

La capitale ne représenta pas toujours l'élite des Français; après avoir offert le ramas de la nation, elle en offre encore le mélange. Il faut qu'avec le tems, avec la fixité de l'empire, avec une cour polie, on puisse recomposer des sociétés assez dominantes, pour conquérir encore une fois le nom de bonne compagnie, pour rappeler la langue usuelle à la politesse du siècle de Louis XIV, et pour remplacer l'insipide calembourg, par la noble aisance et par l'art de badiner finement sur la pensée.

Ce qu'on apprenait donc, il y a quelques années, par le commerce des gens bien élevés et par le sentiment des bienséances qui en était la suite, a besoin maintenant d'être enseigné par principes aux générations naissantes.

Les rangs inspiraient des devoirs, et les expressions découlaient naturellement de l'idée qu'on en avait prise. La morale, ou par la persuasion ou par l'instruction, rappelait d'autres devoirs encore; et pour les rendre, elles avaient aussi des expressions propres et consacrées.

Or il est visible qu'on a si bien détruit depuis quinze années toute idée de rang, toute ombre d'inégalité, que nos générations nouvelles, et celles même qui, précédemment, avaient formé d'autres habitudes, ont une peine extrême à monter leur imagination sur cette échelle sociale qui remet les classes et les particuliers à leur rang propre et déterminé.

La morale a été si outragée, si violée, si anéantie, qu'on a peur, en usant des plus saintes paroles de la vertu, de se rencontrer avec les monstres qui les profanèrent.

Ainsi ne semblerait-il pas que dans cette partie de la littérature, qui ne suppose que l'établissement de l'ordre social, on doive en revenir à nous civiliser de nouveau, et à moduler aux oreilles nouvellement nées pour l'éducation, le ton qu'il sied de prendre avec ses supérieurs, avec les femmes, avec ses égaux ou ceux qu'on croit tels ?

N'a-t-on pas même consacré, dans des recueils offerts à l'instruction publique [1], les petits secrets de l'ancienne politesse sur les protocoles et jusques sur le pli des lettres; tant il est vrai qu'on pense que ces petites choses sont ignorées aujourd'hui, ou de ceux qui dirigent la jeunesse, ou des parens qui la leur confient.

Il est bien certain que jamais il ne sera du bon style qu'un fils et une fille, une fois à cet âge où l'on peut concevoir l'idée des premières bienséances, continuent comme on le voit, de tutoyer leurs pères et leurs mères, et remplacent le tendre respect par les expressions de la familiarité.

Il sera toujours du mauvais style d'écrire aux femmes sans une extrême politesse, quand elles ne sont plus jeunes ou ne sont point jolies, et de leur écrire sans retenue dans le cas contraire.

[1] *Manuel épistolaire* de M. Phelippon Lamagdeleine.

PRÉLIMINAIRE.

Il sera toujours du mauvais style qu'un supérieur marque son rang par sa morgue ou par des termes qui rappellent trop qu'on dépend de lui, parce qu'il était d'usage en France qu'un homme fût plus poli à mesure qu'il était d'une plus haute naissance ou dans un plus haut rang.

Il sera toujours du mauvais style de prodiguer les expressions de la bassesse envers les hommes puissans, parce qu'on s'expose à leur juste mépris, en oubliant qu'un honnête homme, et sur-tout un Français, doit savoir unir aux accens de la soumission légitime, le ton de la vraie dignité.

Enfin le style sera toujours mauvais quand vous n'observerez ni mesures ni égards, en écrivant à vos égaux et à vos amis, par la raison que l'esprit personnel appelé l'*égoïsme* dans le siècle qui s'y connaît le mieux, devient rebutant et détestable quand les sacrifices mutuels n'en arrêtent pas les inconvéniens ; c'est dans les lettres familières que cet esprit perce le plus, et qu'une fois senti, il change les liaisons en froideur et en aversion.

Tels sont les principaux écueils qu'on doit éviter de nos jours dans l'art d'écrire une lettre.

C'est ensuite par la lecture des écrivains renommés dans ce genre, depuis un siècle et demi, que l'on formera son style à leur manière.

On prendra chez l'inimitable madame de Sévigné, le charme qui naît de l'effusion du cœur et de la vivacité de l'esprit. Si on est femme, on la lira sans relâche pour se pénétrer de ses tours, mais on se gardera bien de la copier servilement ; on ne la lira pas avec moins de délices si l'on est homme, et sur-tout si on est homme de lettres, mais on n'en fera point son modèle, car tant de

PRÉLIMINAIRE. xv

grâces, tant de jolis gallicismes feraient croire, pour user d'un de ses mots, que vous *n'avez pas de barbe au menton*.

Avec Racine, vous apprendrez à être simple, naturel et piquant dans une lettre.

Chaulieu vous fera voir comment on écrit aux femmes du grand monde, avec une grâce, une politesse, une légèreté, une liberté décente qui ne se démentent jamais.

Voulez-vous écrire avec finesse, avec laconisme, avec une dignité familière? C'est un secret que Fontenelle a su en écrivant au bon cardinal de Fleuri, dont les réponses valent encore mieux; mais vous ne lirez pas plus les lettres galantes de Fontenelle que ses idyles.

Mais est-il un genre en littérature où le nom de Voltaire ne vienne aussitôt s'offrir, où l'on ne se rappelle ses couleurs, son élégance et son goût ? Exceptez-en madame de Sévigné, vous trouvez à-peu-près chez lui tout ce qu'on a dit des autres ; il faut toutefois choisir dans l'immense collection de sa correspondance. Peut-il être plus aimable avec son ami Cideville et quelques autres ? plus gracieux dans ses lettres aux femmes ? plus spirituel, plus piquant et plus philosophe avec madame Dudeffant ? plus poli, plus encourageant dans ses lettres aux jeunes littérateurs ? plus plaisant dans sa correspondance avec d'Alembert, si la malice et le fanatisme antichrétien n'en composaient le fonds ? plus élégant et plus adroit dans sa noble familiarité avec la Czarine, avec le grand Frédéric et les autres souverains de l'Europe ?

Sans doute il en reste d'autres que l'on pourrait citer, mais le nombre en est plus petit qu'on ne pense.

Croirait-on que beaucoup de nos

écrivains excellens, semblables aux grands danseurs qui ne marchent pas toujours bien, n'ont jamais connu la facilité du style épistolaire?

Ce serait se tromper que de prendre pour modèle de ce style, les lettres de Fléchier, de Bossuet, de Boileau, de Jean - Baptiste et même de Jean-Jacques Rousseau; on en peut dire autant des lettres familières, et quelquefois peu françaises, de l'illustre Montesquieu, de celles du savant Rollin et de plusieurs autres célèbres professeurs.

C'est que les écrivains, sur-tout ceux qui ont encore plus de génie que d'esprit, prennent des tours de style auxquels ils reviennent par habitude, lesquels sont ou trop forts ou trop marqués, ou trop lents ou trop solennels, pour la marche rapide d'un style qui doit garder son air aisé, même dans les plus importantes affaires.

DISCOURS

Quelques personnes ont remarqué que les poëtes (hors Racine , Voltaire et peu d'autres), écrivaient en prose assez mal, à cause de l'habitude des vers, dont l'harmonie diffère entièrement de celle de la prose. Cette remarque peut s'appliquer plus généralement encore aux écrivains en qui l'habitude de la phrase oratoire est dominante.

Mais il est, en prose comme en poésie, des génies assez souples pour se plier aux genres divers.

Tel fut Pascal. Les accusations, vraies ou fausses, intentées dans ses fameuses Provinciales, contre la morale et les intentions des Jésuites, ne peuvent être aujourd'hui d'aucun intérêt aux yeux des gens de lettres ; mais en méprisant le fonds de ces querelles ridicules, ils admireront la broderie qu'à tissue la main de Pascal, de ce Pascal que Daguesseau compare à Démosthène,

PRÉLIMINAIRE. xix

comme orateur, et Voltaire à Molière, comme fin satyrique.

Il faut dire pourquoi on a tardé jusqu'ici à parler d'un tel écrivain. Il s'agit de combattre une idée reçue à son egard, et cette idée, c'est Voltaire qui lui a donné la vogue, car c'est lui qui, dans son Siècle de Louis XIV, par l'empire prodigieux qu'il exerçait sur les opinions de son tems, semble avoir à jamais fixé le rang des écrivains du *grand Siècle*, mot qu'il a consacré aussi.

Mais parmi ses jugemens, en général pleins de goût, il en est plus d'un que la malice a dicté. Telle est l'exagération qu'il a mise à louer les lettres de Pascal, et l'opinion qu'il a su accréditer, en faisant regarder les Provinciales non seulement comme un excellent modèle, ce qui est vrai, mais comme le premier qui ait paru en prose française et avant lequel il ne faut rien chercher d'irréprochable.

Pour punir les Jésuites d'avoir les yeux trop ouverts sur ses plaisanteries anti-chrétiennes, il a voulu tenir les yeux de tout le monde ouverts sur leur doctrine relâchée; il a réussi. On a cru sur sa parole qu'avant l'année 1656, où les Provinciales parurent, on ne savait pas encore faire de bonne prose; que depuis ce tems nulle des expressions de Pascal n'a vieilli, ce qui n'est pas vrai; et qu'il faut placer la fixation de la langue tout juste au moment où Pascal a flétri d'un ridicule indélébile la morale de ceux que Voltaire n'aimait pas.

Rien n'est plus faux que l'époque de cette fixation. Pascal bégayait encore qu'en France on écrivait déjà très-élégamment. Si Voiture et Balzac, bien plus anciens auteurs que Pascal, ont moins de renommée, cela tient à d'autres causes qu'à leur style et à leur tems.

Sans prétendre établir de parallèle entre le génie de Pascal et celui de ces deux écrivains, il est permis d'avancer que plus de vingt ans avant les Provinciales, Voiture et Balzac ont publié des morceaux de style aussi pur que le sien; des morceaux dignes d'être lus et imités de nos jours, et pour le dire sans détour, aussi élégans, aussi ingénieux que tout ce qui s'écrit et qui se vante depuis plusieurs années.

Boileau, de qui la prose ne valut jamais la leur, a été cause, par ses deux plaisantes lettres écrites à M. de Vivonne, sous leur nom, qu'on a cru que la plume de ces deux auteurs mettait par-tout la surcharge du style emphatique que Boileau leur a prêtée.

Ce même Boileau, plus jeune avait mis Voiture au rang d'Horace;

on a encore cru d'après Voltaire, qu'il en avait appelé de cette opinion comme d'un ridicule.

Il est pourtant vrai que si Voiture, non plus qu'aucun autre des modernes, ne peut marcher l'égal d'Horace, la comparaison que Despréaux en avait faite n'est pas, sous quelques rapports, si disproportionnée qu'on pourrait le penser.

D'abord en vers, il a des pièces charmantes qui dureront autant que la langue. On citera toujours entre autres son épître *au grand Condé* et ses strophes *à la reine Anne* [1], *pendant un séjour à Ruelle ;* mais il ne s'agit ici que de son style épistolaire.

Retranchez-en quelques locutions

---

[1] Le lecteur trouvera sans doute avec plaisir à la fin de ce discours, ces deux pièces, dont la seconde est très-peu connue, et ne se trouve dans aucune édition de Voiture.

trop fréquentes et usuelles en ce tems-là ; quelques pointes à des femmes beaux esprits, qu'il servait dans leur goût, et dont le goût n'était pas bon ; et prenez ses lettres aux grands qu'il fréquentait, aux amis qu'il cultivait, et même aux femmes avec lesquelles il ne voulait qu'être aimable, vous croirez lire Saint-Evremont, Chaulieu et Voltaire. Vous admirerez cette délicatesse d'esprit, tant vantée de ses contemporains, à laquelle nulle allusion piquante n'est échappée, à laquelle nulle de ces tournures si vives, si exquises, consacrées par les grands écrivains suivans, n'a été inconnue dès-lors. Ses lettres sont là-dessus des faits sans réplique. Lisez par exemple sa lettre sur la reprise de Corbie, ses lettres au cardinal de la Valette, au Grand Condé, à M. de Chaudebonne, à l'évêque de Lizieux, quelques-unes à mademoiselle de Rambouillet, quelques-unes à Costard et autres gens de lettres.

Pour Balzac, il est constant que personne autant que lui n'a contribué à donner de la consistance et du nombre à notre prose ; mais on a l'habitude d'imaginer qu'il a cadencé à l'excès le style d'une lettre, qui ne veut en effet que de la légèreté et de la douceur, au lieu de périodes.

C'est une prison redoutable que les hémistiches d'un grand poëte satyrique : Balzac est cité comme ami de Chapelain dans la neuvième satyre de Boileau, celle de toutes où il a mis le plus de verve et d'âcreté. Il semble que dès-lors Balzac ait été enseveli avec Chapelain sous les ruines de la Pucelle; comme si l'on ne pouvait adresser d'excellente prose à un homme qui fait de méchans vers !

Parmi les diverses correspondances de Balzac, celle qu'il a eue avec ce même Chapelain est non seulement bien écrite, mais classique. Sans parler du fond même, où l'on découvre une ame très-ferme et très-élevée, un jugement sain, et un esprit nourri des anciens, quelle admirable pureté de langage! quelles phrases courtes et bien jetées! quelles coupes variées! quelles expressions, tantôt mâles, sans être hors du genre, tantôt plaisantes, sans être hors du bon ton!

C'est donc assurément rendre service aux lettres que de redonner naissance à ces deux écrivains célèbres sous Louis XIII, et faits pour l'être toujours.

On étale et on multiplie sans relâche les recueils précieux de madame de Sévigné et de quelques autres femmes illustres; c'est offrir aux femmes le style qui leur sied; c'est les garantir de celui de nos dames qui se font hommes ; à la bonne heure.

Mais encore une fois, leurs plumes faciles et molles seraient, en des mains viriles, comme les fuseaux d'Omphale entre les doigts d'Hercule.

Il faut être ce qu'on est. Il faut que l'homme imite des écrivains qui ne soient pas femmes; il faut les chercher, et reconnaître que Voiture et Balzac méritent qu'on les distingue et qu'on les range parmi les modèles très-rares de notre bon style épistolaire.

ÉPITRE

A M. LE PRINCE DE CONDÉ,

Sur son retour d'Allemagne, l'an 1645.

SOYEZ, Seigneur, bien revenu
De tous vos combats d'Allemagne
Et du mal qui vous a tenu
Sur la fin de cette campagne,
Et qui fit penser à l'Espagne
Qu'enfin le ciel, pour son secours,
Etait prêt de borner vos jours,
Et cette valeur accomplie
Dont elle redoute le cours.

   Mais dites-nous, je vous supplie,
La mort, qui dans le champ de Mars,
Parmi les cris et les alarmes,
Les feux, les glaives et les dards,
Le bruit et la fureur des armes,
Vous parut avoir quelques charmes,
Et vous sembla belle autrefois,
A cheval et sous le harnois;
N'a-t-elle pas une autre mine,
Lorsqu'à pas lents elle chemine
Vers un malade qui languit?

DISCOURS

Ne semble-t-elle pas bien laide,
Quand elle vient tremblante et froide
Prendre un homme dedans son lit ?

Alors qu'on se voit assaillir
Par un secret venin qui tue,
Et que l'on se sent défaillir
Les forces, l'esprit et la vue ;
Quand on voit que les médecins
Se trompent dans tous leurs desseins,
Et qu'avec un visage blême,
On voit quelqu'un qui dit tout bas :
Mourra-t-il ? ne mourra-t-il pas ?
Ira-t-il jusqu'au quatorzième ?
Monseigneur, en ce triste état,
Confessez que le cœur vous bat
Comme il fait à tant que nous sommes ;
Et que vous autres demi-dieux,
Quand la mort ferme ainsi vos yeux,
Avez peur comme d'autres hommes.

Tout cet appareil des mourans,
Un confesseur qui vous exhorte,
Un ami qui se déconforte,
Des valets tristes et pleurans,
Nous font voir la mort plus horrible.
Je crois qu'elle était moins terrible,
Et marchait avec moins d'effroi,
Quand vous la vites aux montagnes
De Fribourg et dans les campagnes,
Ou de Norlingue ou de Rocroy.

Vous semblait-il pas bien injuste,
Que sous l'ombrage des lauriers

PRÉLIMINAIRE.

Qui mettent votre front auguste
Sur celui de tant de guerriers ;
Sous cette feuille verdoyante,
Que l'ire du ciel foudroyante
Respecte et n'oserait toucher ;
La fièvre chagrine et peureuse,
Triste, défaite et langoureuse,
Eût le cœur de vous approcher,
Qu'elle arrêtât votre courage,
Qu'elle changeât votre visage,
Qu'elle fit trembler vos genoux ?
Ce que Bellone détruisante,
Dans le fer, les feux et les coups,
Ni Mars au fort de son courroux,
Ni la mort tant de fois présente,
N'avaient jamais pu dessus vous.

Voyant qu'un trépas ennuyeux
Vous allait mener en ces lieux
Que nous appelons l'onde noire,
Autrement manoir stygieux,
Vous consoliez-vous sur la gloire,
De vivre long-temps dans l'histoire ?
Ou sur cette immortalité
Que nous avons, malgré les âges,
La Sucie et moi, projeté
De vous donner dans nos ouvrages ?

De vos faits il eût fait un livre
Bien plus durable que le cuivre ;
Et moi, si j'ose m'en vanter,
Je mérite assez de le suivre ;
Mais nous eussions eu beau chanter,
Avant que vous faire revivre :

DISCOURS

Les neuf filles de Jupiter,
Qui savent tant d'autres merveilles,
Avecque leurs voix non pareilles,
N'ont pas l'art de ressusciter.
La mort ne les peut écouter,
Car la cruelle est sans oreilles.
Dès le vieux temps qu'Orphée harpa
Si doucement qu'il l'attrapa,
Et qu'il lui fit rendre Euridice,
Le noir Pluton les lui coupa,
Et les conduits en étoupa.
Ce fut une grande injustice !
Depuis on a beau la prier,
Beau se plaindre, hurler, crier,
Blâmer la rigueur de ses armes ;
Tout ce bruit n'est point entendu.
Pour nos plaintes et pour nos larmes,
Pour nos cris et pour nos vacarmes,
On ne voit rien qu'elle ait rendu.

Nous autres faiseurs de chansons,
De Phébus sacrés nourrissons,
Peu prisés au siècle où nous sommes,
Saurions bien mieux vendre nos sons,
S'ils faisaient revivre les hommes,
Comme ils font revivre les noms.
Nous eussions appris votre gloire
A toute la postérité ;
Et consacré votre mémoire
Au temple de l'éternité.
Mais de ces œuvres magnifiques,
De nos airs et de nos cantiques,
Seigneur, vous n'eussiez rien ouï ;

PRÉLIMINAIRE.

L'air et le ciel, la terre et l'onde,
Et tout ce qui se fait au monde,
Etait pour vous évanoui.

   Commencez doncques à songer,
Qu'il importe d'être et de vivre;
Pensez mieux à vous ménager.
Quel charme a pour vous le danger,
Que vous aimiez tant à le suivre ?
Si vous aviez dans les combats
D'Amadis l'armure enchantée,
Comme vous en avez le bras
Et la vaillance tant vantée,
De votre ardeur précipitée,
Seigneur, je ne me plaindrais pas.
Mais en nos siècles où les charmes
Ne font pas de pareilles armes;
Qu'on voit que le plus noble sang,
Fût-il d'Hector ou d'Alexandre,
Est aussi facile à répandre
Que l'est celui du plus bas rang;
Que d'une force sans seconde,
La mort sait ses traits élancer,
Et qu'un peu de plomb peut casser
La plus belle tête du monde ;
Qui l'a bonne y doit regarder;
Mais une telle que la vôtre,
Ne se doit jamais hasarder :
Pour votre bien et pour le nôtre,
Seigneur, il vous la faut garder.

   C'est injustement que la vie
Fait le plus petit de vos soins;

DISCOURS

Dès qu'elle vous sera ravie,
Vous en vaudrez de moitié moins.
Soit roi, soit prince, ou conquérant,
On déchet fort bien en mourant ;
Ce respect, cette déférence,
Cette foule qui suit vos pas,
Toute cette vaine apparence,
Au tombeau ne vous suivront pas.
Quoi que votre esprit se propose,
Quand votre course sera close,
On vous abandonnera fort,
Et, Seigneur, c'est fort peu de chose
Qu'un demi-dieu quand il est mort.

Du moment que la fière Parque,
Nous a fait entrer dans sa barque
Où l'on ne reçoit point les corps,
Et la gloire et la renommée
Ne sont que songe et que fumée,
Et ne vont point jusques aux morts ;
Au-delà des bords du Cocyte,
Il n'est plus parlé de mérite,
Ni de vaillance, ni de sang ;
L'ombre d'Achille ou de Thersite,
La plus grande et la plus petite,
Vont toutes en un même rang.

Ces deux syllabes précieuses,
Qui font ensemble votre nom,
Seront de tout votre renom
Les héritières glorieuses ;
Ces trois faits d'armes triomphans

PRELIMINAIRE. xxxiii

Ces trois victoires immortelles,
Les plus grandes et les plus belles,
Qu'on trouve à la suite des ans ;
Tant d'exploits et tant de combats,
Tant de murs renversés à bas,
Dont parlera toute la terre,
Seront pour elles seulement,
Et pour les figures de pierre
Qui feront votre monument.

   Ce prince qui dans le cercueil
Fait vivre encore Cerisoles,
Où son bras abattit l'orgueil
De tant de troupes espagnoles,
Qu'il combla de honte et de deuil;
Qui poussé d'une belle envie
De relever le nom français,
Mit ses ennemis aux abois,
Et fit une fois en sa vie,
Ce que vous avez fait trois fois ;
Ce héros de race immortelle
Eut ce beau nom que vous avez,
Et que maintenant vous savez
Orner d'une gloire nouvelle.
Mais vous, qui vivez aujourd'hui,
Quand vous verrez par les années,
(Etant fait ombre comme lui)
Vos aventures terminées ;
Que votre nom se chantera,
Que votre los se portera
Dans les terres les plus étranges ;
Qui de vous deux en jouira,
Et quel ressort attachera,

DISCOURS

A vous, plus qu'à lui, ces louanges?
Quoi que la gloire nous promette
Avec ces titres éternels
Qu'on gagne en servant ses autels;
La renommée et sa trompette
N'ont que des sons vains et mortels;
L'aveugle fortune dispose
De ces noms pour qui l'on s'expose;
Les plus grands, les plus estimés,
Vieillissent comme toute chose,
Ou dans l'oubli sont abymés.
En vain l'Olympe favorable,
Honneur de Navarre et de Foix
T'avait promis que tes exploits
Auraient un bruit toujours durable;
Malgré ta victoire admirable
Et ces faits d'armes glorieux
Qui parmi tous nos demi-dieux
Te donnent un rang honorable;
Gaston de France obscurcira
Celui de Foix, et ternira
Ce renom dont la terre est pleine;
Et Graveline étouffera
Toute la gloire de Ravenne.

Quelque jour ce nom redouté,
Sous qui la fière Espagne plie,
Ce bruit dont la terre est remplie,
Par tant de travaux acheté,
Sera par le temps arrêté,
Et sa gloire en tous lieux ouïe
Dans les siècles évanouie,

Perdra sa plus grande clarté.
Un jour cette valeur extrême,
Par qui refleurissent nos lys,
Ne sera plus qu'une ombre blême,
Et les restes ensevelis
Des murs par Gaston démolis,
Seront long-temps après lui-même.

L'âge qui toute chose efface,
Confond les titres et les noms,
Et ne laisse que quelque trace
De tous ces inutiles sons,
Pour qui si fort nous nous pressons.
Les Achilles et les Thésées,
Là bas sous les tristes lauriers
Qui parent les Champs-Elisées,
Ne sont ni plus grands ni plus fiers,
Ni leurs ombres plus courtisées,
Par toutes ces odes prisées,
Où l'on chante leurs faits guerriers.

Ce gagneur de tant de batailles,
Ce dompteur de tant d'ennemis,
Ce vainqueur de tant de murailles,
Qui vit tous les peuples soumis ;
Ce grand Jule dont les exploits
Et la fortune sans seconde,
Sçurent dompter la terre et l'onde,
Et qui mit Rome sous ses lois,
Qui fit plus que vaincre le monde ;
Ce prince par ses faits divers,
Crut qu'il laissait, malgré les Parques,
Son nom gravé dans l'univers,

DISCOURS

Avecque d'immortelles marques;
Mais un autre Jule en ces lieux,
Venu par le secours des cieux,
Obscurcit la gloire ancienne,
En la mêlant avec la sienne ;
Et le monde sur son appui,
Voit de si grandes aventures,
Que le nom qu'il porte aujourd'hui
Sera dans les races futures,
Douteux entre César et lui.

Quand le grand Jule on nommera,
Et que pour l'exemple des hommes
Qui suivront le siècle où nous sommes,
Ce nom par-tout résonnera,
La postérité doutera,
Pesant de ces deux les merveilles,
Et pareilles et non pareilles,
Qui des héros on vantera,
Ou le Jule qui sa vaillance
Par tant d'exploits sut témoigner;
Ou le Jule dont la prudence
Tant de palmes nous sut gagner;
Celui qui sut vaincre la France,
Ou celui qui la fit régner.

STANCES

A LA REINE ANNE.

La Reine Anne étant à Ruelle, aperçut l'auteur qui se promenait dans les jardins, d'un air rêveur; elle lui demanda à quoi il pensait; quelques instans après il lui porta les stances suivantes :

Je pensais si le Cardinal,
(J'entends celui de la Valette)
Pouvait voir l'éclat sans égal
Dans lequel maintenant vous êtes;
(J'entends celui de la beauté;
Car après je n'estime guère,
Cela soit dit sans vous déplaire,
Tout l'éclat de la majesté.)

Je pensais que la destinée,
Après tant d'injustes malheurs,
Vous a justement couronnée
De gloire, d'éclat et d'honneurs;
Mais que vous étiez plus heureuse
Lorsque vous étiez autrefois,

XXXVIII. DISCOURS, etc.

Je ne veux pas dire amoureuse,
La rime le veut toutefois.
Je pensais que ce pauvre Amour,
Qui toujours vous prête des charmes,
Est banni loin de votre cour
Sans ses traits, son arc et ses armes.
Est-ce que je puis profiter,
En passant près de vous ma vie,
Si vous pouvez si maltraiter
Ceux qui vous ont si bien servie ?

Je pensais (nous autres poëtes,
Nous pensons extravagamment)
Ce que, dans l'humeur où vous êtes,
Vous feriez si, dans ce moment,
Vous avisiez en cette place
Venir le duc de Buckingham [1],
Et lequel serait en disgrace
De lui ou du père Vincent [2].

[1] Sous le règne précédent, ce Duc avait eu la hardiesse de se déclarer amoureux d'elle.
[2] C'était son confesseur.

NOTICE
SUR VOITURE.

VINCENT VOITURE naquit, en 1598, à Amiens, où son père exerçait la profession de marchand de vin.

Il eut le bonheur, au collége, d'avoir pour ami et pour compagnon d'études le jeune Comte d'Avaux, qui fut par la suite Ambassadeur, Commandeur des Ordres du Roi et Ministre-Surintendant des Finances.

Le Ministre n'oublia point l'ami de collége : il appela Voiture près de lui, le porta sur l'état des employés de son Département, et lui donna les honoraires de premier commis, sans qu'il en fît jamais les fonctions : telle fut l'origine de la fortune de Voiture.

Les agrémens de son esprit l'eurent bientôt fait accueillir dans le monde ; les succès qu'il y obtint, par ses lettres, lui ouvrirent les portes de l'Académie Française ; il tenait le premier rang parmi cet essaim de beaux esprits qui donnaient alors le ton à l'hôtel de Rambouillet. On sait que toute la Cour fut partagée entre son *Sonnet à Uranie* et celui de *Job*, par Benserade : ce qui ne prouve aujourd'hui ni le talent des deux poëtes, ni le bon goût de la Cour.

Le mérite personnel de Voiture ajouta à la considération qu'il s'était acquise comme écrivain, et le fit parvenir à plusieurs emplois importans.

Le Duc d'Orléans, frère de Louis XIV, se l'attacha en qualité d'introducteur des Ambassadeurs et Maître des cérémonies; la Reine-Mère le nomma son Interprète; la Cour de France le chargea de plusieurs missions à la Cour de Madrid et à celle de Rome. A son retour il fut nommé Maître-d'Hôtel chez le Roi et obtint d'assez fortes pensions qui l'auraient fait vivre dans l'opulence, sans le goût immodéré qu'il avait pour le jeu et les femmes.

Ce goût, porté à l'excès, abrégea, dit-on, ses jours. Il mourut le 25 mai 1648.

L'Académie Française prit le deuil, à sa mort; honneur qui n'a depuis été renouvelé pour aucun de ses membres.

NOTICE SUR BALZAC.

Jean-Louis Guez de Balzac, fils d'un Gentilhomme Languedocien, naquit à Angoulême, en 1594.

Il était très-jeune encore lorsque le cardinal de la Valette se l'attacha, d'abord comme son secrétaire, ensuite comme son agent à Rome.

A son retour de Rome, il fut produit à la Cour de France, où il eut du succès.

Le Cardinal de Richelieu, qui n'était alors qu'Evêque de Luçon, goûta beaucoup son esprit et bientôt après devenu tout-puissant, lui fit avoir une pension de deux mille francs, le brevet de Conseiller d'Etat et le titre d'Historiographe du Roi, dignités que Balzac, peu courtisan, traitait de *magnifiques bagatelles*.

C'est à l'âge de trente ans, qu'il publia le premier recueil de ses lettres.

Le public fatigué du mauvais goût des

écrivains du tems, fit à cet ouvrage un accueil extraordinaire.

Malherbe, qui jusqu'alors avait eu la réputation de ne louer personne, se justifia en disant : *Je n'approuve que ce qui est bon, et pour prouver que j'aime à rendre justice, j'annonce que le jeune Balzac qui a écrit ces lettres, sera le restaurateur de notre langue.*

Le mouvement que causa cet ouvrage dans l'empire des lettres, fut si extraordinaire, que Descartes lui-même, que son génie semblait tenir uniquement absorbé dans les observations de la métaphysique et l'étude de la philosophie, prit la plume pour examiner les lettres de Balzac, et même en censura quelques-unes, mais avec tous les égards qu'un grand homme devait à un habile écrivain.

Dès ce moment les amis de Balzac, cédant à un enthousiasme et à un zèle, peut-être mal-entendus, lui suscitèrent une foule d'ennemis parmi les écrivains jaloux de ses succès, et il se trouva en butte à l'admiration et à la censure de deux partis également injustes et exagérés. Ses ennemis poussèrent l'oubli des convenances et de la vérité jusqu'à l'attaquer dans ses mœurs.

Ce grand éclat, qui troubla son repos, lui fit prendre le parti de quitter Paris. Il se retira à sa terre de Balzac, près d'Angoulême, où il passa le reste de sa vie, entièrement livré à l'étude et aux soins de l'amitié.

Quoi qu'en aient dit ses ennemis, aujourd'hui bien obscurs et bien dignes de l'être, Balzac fut un homme de mœurs douces et d'une probité irréprochable.

Il eut des rapports d'estime ou d'attachement avec tout ce que la France comptait alors de personnages illustres et recommandables. Le Chancelier Séguier se plaisait à dire de lui, qu'il était *un des plus hommes d'honneur qu'il y eût*, et Boileau, dont le goût était assez difficile en pareille matière, nous assure que *sa conversation était remplie de douceur et d'agrément.*

Ces suffrages peuvent assurément balancer ceux d'un Chanoine nommé *Bourbon*, qui d'ailleurs jouit de quelque réputation, comme poëte latin, et d'un Général des Feuillans appelé le *Père Goulu*, tous deux auteurs de deux gros volumes dirigés contre Balzac, et dans lesquels les noms *d'infame Sardanapale, de démoniaque et d'athée* lui sont prodigués à chaque page.

Balzac mourut dans sa terre, le 18 Février 1664, emportant les regrets de tous les gens de bien; il fut enterré à l'hôpital d'Angoulême, auquel il avait légué une somme de douze mille livres.

Il avait aussi fondé, par son testament, un prix à l'Académie Française : c'est cette médaille qu'elle accorda tous les ans, jusqu'à l'époque de la révolution, au meilleur discours en prose sur un sujet donné.

Outre ses Lettres, Balzac a laissé plusieurs ouvrages, entr'autres *Aristippe*, mélange de morale et de politique, où l'on trouve, dit Thomas, *l'ame d'un citoyen et la douceur de la vertu, relevées quelquefois par l'expression de Tacite.*

LETTRES
CHOISIES
DE VOITURE.

A M. LE DUC DE BELLEGARDE[1];

En lui envoyant l'Amadis.

MONSEIGNEUR,

En une saison où l'histoire est si brouillée, j'ai cru que je vous pouvais envoyer des fables ; et qu'en un lieu où vous ne songez qu'à vous délasser l'esprit, vous pourriez accorder à l'entretien d'Amadis quelques-unes de ces heures que vous donnez aux

[1] Roger de Bellegarde, mort en 1646, âgé de 83 ans, sans postérité. Il avait eu la charge de grand écuyer et celle de premier gentilhomme de Gaston d'Orléans. Il avait épousé mademoiselle Racan, nièce du poëte de ce nom.

gentilshommes de votre province. J'espère que dans la solitude où vous êtes, il vous divertira quelquefois agréablement, en vous racontant ses aventures. Mais quoi que nous lisions de lui, si faut-il avouer que vos fortunes sont aussi merveilleuses que les siennes. En effet, Monseigneur, vous avez fait voir à la France un Roger plus aimable et plus accompli que celui de Grèce, et que celui de l'Arioste ; et sans armes enchantées, sans le secours d'Alquife, ni d'Urgande, et sans autres charmes que ceux de votre personne, vous avez eu dans la guerre et dans l'amour, les plus heureux succès qui s'y peuvent souhaiter.

Aussi, à considérer cette courtoisie si exacte, et qui ne s'est jamais démentie, cette grâce si charmante dont vous gagnez les volontés de tous ceux qui vous voyent, et cette grandeur et fermeté d'ame qui ne vous a jamais permis d'aller contre le devoir, ni même contre la bienséance, il est bien difficile de ne se pas imaginer que vous êtes de la race des Amadis ; et je crois, sans mentir, que l'histoire de votre vie sera quelque jour ajoutée à tant de livres que nous avons d'eux.

Vous avez été l'ornement et le prix de trois cours différentes ; vous avez sçu avoir des rois pour rivaux, sans les avoir pour ennemis, et posséder en même-tems leur faveur et celle de leurs maitresses [1] ; et en un siècle où la discrétion, la civilité et la vraie galanterie étaient bannies de cette cour, vous les avez retirées en vous, comme dans un asile, où elles ont été admirées de tout le monde sans pouvoir être imitées de personne.

Une des principales raisons qui m'a persuadé de vous envoyer ce livre, a été de vous faire voir quel avantage vous avez sur ceux mêmes qui ont été formés à plaisir, pour être l'exemple des autres ; et combien il s'en faut que l'invention des italiens et des espagnols ait pu aller aussi haut que votre vertu ; cependant, je vous supplie très-humblement de croire qu'entre tant d'af-

[1] Il avait été l'amant de Gabrielle d'Estrées.

fections qu'elle vous a acquises, elle n'a fait naître en personne tant d'admiration, ni de véritable passion, qu'en moi, et que je suis plus que je ne puis dire, et avec toute sorte de respect,

Monseigneur, votre, etc.

A M. LE CARDINAL DE LA VALETTE [1].

Monseigneur,

Je vois bien que les anciens cardinaux prennent une grande autorité sur les derniers reçus, puisque vous ayant écrit beaucoup de fois sans avoir reçu une de vos lettres, vous vous plaignez de ma paresse. Cependant, je vois tant d'honnêtes gens qui m'assurent que vous me faites trop d'honneur de vous souvenir de moi, et que je suis obligé de vous écrire pour vous en remercier très-humblement, que je veux bien suivre leur conseil, et passer par-dessus ce qui peut être en cela de mon intérêt. Vous saurez donc,

---

[1] Louis de Nogaret de la Valette, fils du duc d'Epernon; quoique cardinal, il fit toute sa vie la guerre, et mourut les armes à la main à Rivoli, près de Turin, le 28 septembre 1639, âgé de 47 ans.

Monseigneur, que six jours après l'éclipse, madame la Princesse, mademoiselle de Bourbon, madame du Vigean, madame Aubry, mademoiselle de Rambouillet ¹, mademoiselle Paulet, et monsieur de Chaudebonne et moi, partîmes de Paris, sur les six heures du soir, pour aller à la Barre, où madame du Vigean devait donner la collation à madame la Princesse. Nous ne trouvâmes en chemin aucune chose digne d'être remarquée, si ce n'est qu'à Ormesson nous vîmes un grand chien qui vint à la portière du carrosse me faire fête, (Vous serez s'il vous plaît averti, Monseigneur, que toutes les fois que je dirai nous trouvâmes, nous vîmes, nous allâmes, c'est en qualité de cardinal que je parle.) De là nous arrivâmes à la Barre, et entrâmes dans une salle, où l'on ne marchait que sur des roses et de la

---

¹ Celle qui épousa par la suite M. de Montansier. C'est à l'hôtel de Rambouillet que se tenait ce cercle de beaux esprits et de précieuses, dont Voiture était le chef et l'idole.

fleur d'orange. Madame la Princesse, après avoir admiré cette magnificence, voulut aller voir les promenoirs, en attendant l'heure du souper. Le soleil se couchait dans une nuée d'or et d'azur, et ne donnait de ses rayons qu'autant qu'il en faut pour faire une lumière douce et agréable; l'air était sans vent et sans chaleur, et il semblait que la terre et le ciel, à l'envi de madame du Vigean, voulaient festoyer la plus belle princesse du monde. Après avoir passé un grand parterre, et de grands jardins tous pleins d'orangers, elle arriva en un bois, où il y avait plus de cent ans que le jour n'était entré. Au bout d'une allée grande à perte de vue, nous trouvâmes une fontaine qui jetait toute seule plus d'eau que toutes celles de Tivoli. A l'entour étaient rangés vingt-quatre violons, qui avaient de la peine à surmonter le bruit qu'elle faisait en tombant. Quand nous nous en fûmes approchés, nous découvrîmes dans une niche qui était dans une palissade, une Diane à l'âge de onze ou douze ans, et plus belle que les forêts de Grèce et de Thessalie ne l'avaient jamais vue. Elle portait son arc et ses flèches dans ses yeux, et avait tous les rayons de son frère à l'entour d'elle. Dans une autre niche auprès était une de ses nymphes, assez belle et assez gentille pour être de sa suite. Ceux qui ne croyent pas les fables, crurent que c'était mademoiselle de Bourbon et la pucelle Priande; et à la vérité elles leur ressemblaient extrêmement. Tout le monde était sans proférer une parole, en admiration de tant d'objets, qui étonnaient en même-tems les yeux et les oreilles; quand tout-à-ceup la déesse sauta de sa niche, et avec une grâce qui ne se peut représenter, commença un bal qui dura quelque tems à l'entour de la fontaine.

Cela est étrange, Monseigneur, qu'au milieu de tant de plaisirs, qui devaient remplir entièrement, et attacher l'esprit de ceux qui en jouissaient, on ne laissa pas de se souvenir de vous, et que tout le monde dit, que quelque chose manquait à tant de contentemens, puisque vous et madame de Rambouillet n'y étiez pas. Alors je pris une harpe, et chantai :

Pues quiso me suerte dura,
Que faltando mi Senor,
Tambien faltasse mi dama.

Et continuai le reste si mélodieusement et si tristement, qu'il n'y eut personne en la compagnie à qui les larmes n'en vinssent aux yeux, et qui ne pleurât abondamment. Et cela eût duré trop long-tems, si les violons n'eussent vitement sonné une sarabande si gaie, que tout le monde se leva aussi joyeux que si de rien n'eût été. Et ainsi sautant, dansant, voltigeant, pirouettant, cabriolant, nous arrivâmes au logis, où nous trouvâmes une table qui semblait avoir été servie par les fées.

Ceci, Monseigneur, est un endroit de l'aventure qui ne se peut décrire; et certes, il n'y a point de couleurs ni de figures en la rhétorique, qui puissent représenter six potages, qui d'abord se présentèrent à nos yeux. Cela y fut particulièrement remarquable, que n'y ayant que des déesses à la table et deux demi-dieux, à savoir monsieur de Chaudebonne et moi, tout le monde y mangea ne plus ne moins que si c'eussent été véritablement des personnes mortelles. Aussi, à dire le vrai, jamais rien ne fut mieux servi ; et entre autres choses, il y eut douze sortes de viandes et de déguisemens dont personne n'a encore jamais ouï parler, et dont on ne sait pas encore le nom. Cette particularité, Monseigneur, a été rapportée par malheur à madame la maréchale de Saint ***[1] et quoiqu'on lui ait donné vingt drachmes d'opium plus que d'ordinaire, elle n'a jamais pu dormir depuis.

Au commencement du souper, on ne but point à votre santé, pource que l'on fut fort diverti, et à la fin on n'en fit rien non plus, pource qu'à mon avis on ne s'en avisa pas. Souffrez, s'il vous plaît, Monseigneur, que je ne vous flatte point, et qu'en fidèle historien, je raconte nue-

[1] De Saint-Luc probablement.

ment les choses comme elles sont. Car je ne voudrais pas que la postérité prît une chose pour l'autre, et que d'ici à deux mille ans, on crût que l'on eût bu à vous, cela n'ayant point été. Il est vrai que je suis obligé de rendre le témoignage à la vérité, que ce ne fut pas manque de souvenir ; car durant le souper on parla fort de vous, et les dames vous y souhaitèrent, et quelques-unes de fort bon cœur, ou je ne m'y connais pas.

Au sortir de table, le bruit des violons fit monter tout le monde en haut, où l'on trouva une chambre bien éclairée. Là le bal commença en meilleur ordre et plus beau qu'il n'avait été autour de la fontaine. Et la plus magnifique chose qui y fût, c'est, Monseigneur, que j'y dansai. Mademoiselle de Bourbon jugea qu'à la vérité je dansai mal ; mais que je tirais bien des armes, pource qu'à la fin de toutes les cadences il semblait que je me misse en garde.

Le bal continuait avec beaucoup de plaisir, quand tout-à-coup un grand bruit que l'on entendit dehors, obligea toutes les dames à mettre la tête à la fenêtre, et l'on vit sortir d'un grand bois qui était à trois cents pas de la maison un tel nombre de feux d'artifice, qu'il semblait que toutes les branches et les troncs des arbres se convertissaient en fusées, que toutes les étoiles du ciel tombassent, et que la sphère du feu voulût prendre la place de la moyenne région de l'air. Ce sont, Monseigneur, trois hyperboles; lesquelles appréciées, et réduites à la juste valeur des choses, valent trois douzaines de fusées.

Après s'être remis de l'étonnement où cette surprise avait mis un chacun, on résolut de partir, et on reprit le chemin de Paris à la lueur de vingt flambeaux. Nous traversâmes tout l'Ormessonnais, les grandes plaines d'Espinay, et passâmes sans aucune résistance par le milieu de Saint-Denis. M'étant trouvé dans le carrosse auprès de Madame **, je lui dis de votre part, Monseigneur, un *Miserere* tout entier, auquel elle répondit avec beaucoup de gentillesse et de civilité. Nous chantâmes en chemin une infinité de *Savans, de petits doigts, de bons soirs*, de

Pon-Bretons [1]. Nous étions environ une lieue par de-là Saint-Denis, et il était deux heures après minuit. Le travail du chemin, le veiller, l'exercice du bal et de la promenade m'avaient extrêmement appesanti, quand il arriva un accident que je crus devoir être cause de ma destruction.

Il y a une petite bourgade entre Paris et St.-Denis que l'on nomme la Villette; au sortir de-là nous rencontrâmes trois carrosses, dans lesquels s'en retournaient les violons que nous avions fait jouer tout le jour. Voici, Monseigneur, qui est horrible ! Le diable alla mettre en l'esprit de Mademoiselle ***, de leur faire commander de nous suivre, et d'aller donner des sérénades toute la nuit. Cette proposition me fit dresser les cheveux en la tête. Cependant tout le monde l'approuva. On fit arrêter les carrosses, on leur alla dire le commandement. Mais de bonne fortune les bonnes gens avaient laissé leurs violons à la Barre, et Dieu les bénie. Nous

[1] Vaudevilles du tems apparemment.

continuâmes notre chemin assez heureusement, si ce n'est qu'en entrant dans le faubourg, nous trouvâmes six grands plâtriers tout nus, qui passèrent devant le carrosse où nous étions. Enfin nous arrivâmes à Paris.

A M.lle DE RAMBOUILLET [1],

Sur la mort de son frère, qui mourut de la peste, et qu'elle assista pendant sa maladie.

Mademoiselle,

N'ayant pas moins d'admiration de votre courage et de votre bon naturel, que de ressentiment de votre douleur, je suis si fort touché de l'un et de l'autre, que si j'étais capable de vous donner les louanges qui vous sont dues, et la consolation dont vous avez besoin, j'avoue que je serais bien empêché par où commencer. Car quelles obligations peuvent être également plus pressantes que

---

[1] Julie-Lucie d'Angennes, fille du marquis de Rambouillet; elle épousa le duc de Montansier, fut dame d'honneur de la reine Marie-Thérèse, et gouvernante du grand Dauphin, et mourut en 1671, à 64 ans. C'est pour elle qu'on fit la fameuse *guirlande de Julie.*

de rendre à une si éminente vertu, les honneurs qu'elle mérite, et à une si violente affliction, le soulagement qu'elle désire ?

Mais j'ai tort de désunir ces deux choses, puisque votre charité les a si parfaitement unies que l'assistance incomparable que vous avez rendue à feu monsieur votre frère, vous doit être maintenant une consolation nompareille, et que Dieu vous donne en cela par justice, ce que les autres lui demandent par grace ; sa bonté infinie ne pouvant laisser sans reconnaissance, une action si extraordinaire de bonté que celle qui vous a fait mépriser votre vie, pour porter les devoirs de la meilleure sœur du monde au-delà de vos obligations, et par une constance admirable, demeurer ferme au milieu d'un péril qui fait trembler les plus courageux.

Cette même raison ne me peut permettre de douter qu'il ne vous en préserve, et qu'il ne verse sur vous pour récompense de votre vertu, les bénédictions que vous souhaite,

    Mademoiselle, votre, etc.

A Mlle PAULET.

MADEMOISELLE,

Vous auriez plus souvent de mes nouvelles, si je pouvais. Mais pour l'ordinaire, nous arrivons en des lieux où l'on trouve plus aisément toute autre chose que de l'encre et du papier. Et puis il faut écrire avec tant de retenue, qu'étourdi comme je suis, je ne prends jamais la plume que je ne tremble, de peur d'en trop dire, et que je ne fasse d'étranges efforts pour m'en empêcher. Même à cette heure, je meurs d'envie d'écrire des choses qu'il est plus à propos de taire, et que peut-être vous-même ne trouveriez pas trop bonnes. Car il me souvient, que par votre dernière vous m'avez défendu de parler d'amour, et il faut que je vous obéisse, quelque peine que j'y aie. Et je ne puis pourtant, Mademoiselle, que je ne vous dise que quelque passion que j'aie pour la guerre, il y en a quelqu'autre qui est bien plus forte en moi, et que je connais que nos premières inclinations sont toujours les maîtresses.

Nous ne trouvons rien qui nous résiste. Nous nous approchons tous les jours du pays des melons, des figues, et des muscats, et nous allons combattre en des lieux, où nous ne cueillerons point de palmes qui ne soient mêlées de fleurs d'oranges et de grenades. Mais je vous assure, que je quitterais volontiers ma part de toutes nos victoires, pour avoir l'honneur d'être à cette heure à vos pieds, et que j'estimerai toujours moins le titre de conquérant que celui de

Votre, etc.

Ce 10 juillet.

A LA MÊME.

De Madrid.

MADEMOISELLE,

Vous ne sauriez vous imaginer combien la vie que je fais ici est différente de la mienne passée ; et vous vous étonnerez quelque jour, quand je vous dirai que j'ai passé huit mois sans parler à une femme, sans gronder, sans disputer, sans jouer ; et ce qui est plus étrange, sans me chauffer une seule fois ; cela est épouvantable seulement à raconter. J'ai souffert un hiver plus perçant que celui de France, en un lieu où l'on ne voit point de robe-de-chambre, ni de cheminées, et où l'on ne fait jamais du feu, sinon pour le gain d'une bataille ou la naissance d'un Prince. Dans cette misère, j'ai souhaité souvent le feu de l'hôtel de Rambouillet, et regretté le tems que je refusais d'être le cyclope d'une plus aimable personne que celle qui gouverne leur maître. Il faut être bien savant pour entendre ceci. Mais si vous devinez celle dont je veux parler, je vous supplie très-humblement, Mademoiselle, de me permettre de l'assurer ici que je l'honore avec plus de passion que jamais, et que je me consolerais de mon absence, si je croyais qu'elle eût fait en elle le même effet qu'en moi. Car, sans mentir, elle a redoublé l'affection que j'ai eue de tout tems de la servir, et m'ayant fait oublier tous les dépits qu'elle m'a faits, je ne me souviens plus que des excellentes qualités qui la rendent aimable et admirable. Quelque mine que je fasse, il m'était toujours resté sur le cœur quelque chose contre elle, et ce n'a été qu'en ma dernière maladie que je lui ai pu pardonner le tour qu'elle me fit une fois en votre présence, lorsqu'elle me pensa tuer avec une aiguière d'eau. A cette heure, j'ai changé tous les desirs de vengeance en souhaits de la voir, de l'honorer et de la servir; et s'il y a quelque personne au monde que j'aime plus qu'elle, c'en est seulement une, qu'elle aime aussi plus qu'elle même. Pour celle-là, je lui garderai toujours dans mon esprit et dans mon estime, un rang tout particulier. Elle n'aura jamais dans mon affection, de compagnie, ni de pareille, non plus qu'elle n'en a point dans le monde; et si je ne vous aimais que d'amitié, j'avoue que je ne vous aimerais pas tant qu'elle.

Ne froncez pas le sourcil pour cela, et ne trouvez pas étrange que je n'évite pas dans mes lettres les choses qui vous peuvent choquer, puisque vous n'avez pas cette considération pour moi dans les vôtres. Car quel besoin était-il de me dire de ces deux personnes, qu'elles ont fait des connaissances nouvelles, qui leur pourraient faire oublier les anciens amis ? Et à quel propos mettre cela à la fin de la plus obligeante lettre du monde ? Si mon mal pouvait se guérir, comme la fièvre quarte, par une grande appréhension, cette malice pourrait être bonne à quelque chose : et encore vous serais - je peu obligé, quand vous m'auriez guéri de la colique, en me donnant de la jalousie. Voyez donc, s'il vous plaît, à me mettre en repos là-dessus ; car sans mentir, cela a troublé le mien, et j'en ai moins bien dormi depuis. J'avais déjà quelque disposition à cette crainte, non pas que je doute aucunement de la bonté de ces dames ; mais je songe souvent quelle dangereuse chose c'est qu'un grand éloignement.

En un mot, Mademoiselle, il n'y a que vous dont je me doive assurer. Car pour résister à une si longue absence, ce n'est pas assez d'être constante, il faut encore être opiniâtre. Mais puisque vous m'avez fait la faveur de me mettre au nombre de vos amis, je sais bien que mon malheur ne vous en fera pas dédire, et que vous ne voudriez pas que la fortune vînt à bout d'une chose, qu'autrefois tant de bons religieux et tant de gens de bien n'ont pu faire. Que s'il y a quelque autre personne qui me fasse l'honneur de m'aimer, je jouis de ce bonheur avec crainte, et comme d'un bien que je puis perdre, et dont le tems m'ôte peut-être tous les jours quelque chose.

Pour madame de Clermont, quand vous ne m'en diriez aucune chose, je ne laisserais pas d'être assuré qu'elle me fait l'honneur de m'aimer : connaissant sa charité, comme je fais, je ne puis douter de son affection; et c'est assez d'être du nombre des affligés, pour être de celui de ses amis.

Dans la joie que je reçois de l'honneur que me font tant de rares personnes, j'ai une extrême tristesse de voir que vous ne me dites rien d'un homme dont vous savez que le souvenir m'apporterait une grande consolation. Je sais bien, Mademoiselle, que ce n'est pas votre faute, et que c'est-à-dire que vous n'avez autre chose à m'en faire savoir. Il n'y a rien dans mon malheur qui me touche davantage que cela, ni que j'aie tant de peine à souffrir. J'ai peur qu'il ne trouve pas bon que je parle de lui. Mais cette considération, ni pas une autre, ne me saurait obliger à être ingrat, ni empêcher que je ne publie par-tout où je me trouverai, qu'il n'y a point d'homme au monde qui mérite plus que ses amis l'aiment et que ses ennemis l'estiment.

Si monsieur le comte de Guiche est à la cour, permettez, s'il vous plaît, que je le supplie très-humblement de songer quelquefois à moi, et de donner un exemple de sa constance, en aimant une personne si éloignée et si inutile. J'eus l'autre jour du plaisir en trouvant mademoiselle de Montansier dans la gazette. Mais il me semble qu'il serait plus raisonnable que le damoiseau y fût, et selon que je le connais, je ne croirais pas que la renommée de mademoiselle sa sœur dût aller plus loin que la sienne. Je voudrais bien qu'il sût que je suis toujours son très-humble serviteur, et que je lui souhaite tout le bonheur et toutes les belles aventures qu'il mérite. J'excepte pourtant une demoiselle, pour qui je l'ai craint autrefois, et j'assure ici celle-là même qu'elle sera la plus ingrate du monde, si jamais elle m'oublie pour qui que ce soit. Mais je m'accoutume à faire de longues lettres, et j'ai peur de vous lasser. Cependant il me reste encore mille choses, et je me fais une extrême violence de me contenter de vous dire que je suis,

   Mademoiselle, votre, etc.

De Madrid.

À LA MÊME.

De Madrid.

MADEMOISELLE,

Je reçus, il y a un mois, une lettre que vous me faisiez l'honneur de m'écrire du 20 janvier. Le dernier ordinaire m'en a apporté une autre du 26 du mois passé, et j'ai eu avec tous les deux, beaucoup de papier qu'il vous a plu m'envoyer. Je ne pus pas répondre à la première, pource que j'étais malade au tems que le courrier partit. Et comme les joies des misérables ne durent guères, le lendemain que je l'eus reçue ma colique me reprit, à laquelle je ne songeais plus, et je payai avec dix-sept jours de douleur, un jour de contentement.

Madame de Clermont me fait un honneur que je ne saurais mériter, et je ressens, comme je dois, l'extrême obligation que je lui ai. Mais je ne croirai pas qu'elle m'aime tant qu'elle dit, ni que j'aie beaucoup de part en ses prières, si je continue à avoir si peu de santé et si peu de fortune. C'en est une au reste pour moi, plus grande que je ne saurais jamais espérer, que la dame que vous savez que je mets toujours au-dessus de toutes les autres, veuille avoir soin de ce qui me regarde. Il n'y a point d'Oracle que je tienne plus certain que sa prévoyance, et je reçois ses conseils et ses commandemens, comme s'ils me venaient du ciel. Elle m'a souvent consolé dans mes plus sensibles déplaisirs ; mais tout le respect et toute la vénération que j'ai pour elle, ne peuvent empêcher qu'avec cela je ne l'aime tendrement, comme la meilleure personne qui soit au monde. J'avoue que mademoiselle sa fille n'est guères moins bonne, s'il est vrai, comme vous dites, Mademoiselle, qu'elle se souvienne de moi. Je voudrais bien payer en quelque sorte cet honneur ; mais il me semble que ce n'est pas assez d'un cœur pour madame sa mère et pour elle, et que quand l'une y a pris sa part ; il en reste trop peu pour l'autre. La faveur que me font trois si excellentes personnes, me soulage de toutes mes peines. Quand je songe que vous et elles me faites l'honneur de vous ressouvenir de moi, je m'étonne qu'étant si heureux en cela, je sois si malheureux d'ailleurs, et qu'il puisse arriver tant de mal à un homme qui a tant d'anges tutélaires.

Voici, Mademoiselle, une lettre à laquelle vous n'avez que la moindre part, et où je n'ai rien dit de ce qui me touche le plus. Voilà ce que c'est de ne point répondre aux galanteries que je vous écris, de m'envoyer des lettres où vous ne me parlez que de vos amies, et ne me dites quasi rien de vous. Quelque dessein pourtant que j'eusse de m'en venger, je ne puis m'empêcher de déclarer ici que je redis pour vous seule toutes les paroles d'estime et d'affection que j'ai dites pour chacune d'elles, et que je suis tout d'une autre sorte,

Mademoiselle, votre, etc.

A M. DE CHAUDEBONNE.

De Madrid.

Monsieur,

Je vous écrivis il y a dix ou douze jours, et vous remerciais de deux lettres qu'enfin j'ai reçues de vous. Si vous saviez le contentement qu'elles m'ont apporté, vous auriez regret de ne m'en avoir pas écrit davantage et de ne m'avoir pas donné cette consolation en un tems où j'en avais tant de besoin.

Madrid, qui est le plus agréable lieu du monde pour les sains et les débauchés, est le plus ennuyeux pour les gens de bien et pour les malades, et lorsque le carême empêche les comédies, je ne sache pas qu'il y ait un seul plaisir dont on puisse jouir en conscience.

L'ennui et la solitude où je m'y suis trouvé, ont fait au moins en moi un bon effet; car ils m'ont reconcilié avec les livres que j'avais quittés depuis quelque tems, et ne trouvant point ici d'autres plaisirs, j'ai été contraint de choisir celui de la lecture.

Préparez-vous donc, Monsieur, à me voir quasi aussi philosophe que vous, et imaginez-vous combien doit avoir profité un homme qui, durant sept mois, n'a fait autre chose que d'étudier ou d'être malade. Que s'il est vrai qu'une des principales fins de la philosophie est le mépris de la vie, il n'y a point de si bon maître que la colique, et Socrate ni Platon ne persuadent pas si puissamment. Elle m'a donné depuis peu une leçon de dix-sept jours dont il me souviendra long-tems, et m'a fait considérer beaucoup de fois combien nous sommes faibles, puisqu'il ne faut que trois grains de sable pour nous abattre. Que si elle me fait être de quelque secte, ce ne sera pas de celle qui maintient que la douleur n'est point mal, et que le sage est toujours heureux. Mais quoi qu'il m'arrive, Monsieur, je ne saurais être ni l'un ni l'autre sans être auprès de vous, et rien ne me peut tant aider pour tous les deux, que votre exemple et votre présence.

Je ne saurais pourtant dire quand je sortirai d'ici, et attendant de l'argent et des hommes qui viennent par la mer, j'ai peur d'y demeurer plus que je ne voudrais ; car ce sont deux choses qui ne viennent pas toujours à point nommé. Je vous supplie donc très-humblement de ne me pas oublier si long-tems que vous avez fait, et de me témoigner en me faisant l'honneur de m'écrire, que vous reconnaissez la vraie affection avec laquelle je suis,

Monsieur, votre, etc.

A M. DE PUY-LAURENS [1],

De Madrid, ce 8 juin 1638.

Monsieur,

En cinq ou six lignes, vous avez compris tout ce que je pouvais ouïr de plus agréable au monde; et en me promettant, en la présence de mon maître, votre conversation et votre amitié, vous avez touché tous mes souhaits. Me proposant cette espérance, il n'y a point de difficultés que je ne trouve supportables. Mais il faut rompre première-

[1] Antoine de l'Age de Puy-Laurens, attaché à Gaston d'Orléans, et condamné, en 1633, comme complice de l'évasion de ce prince en Lorraine, à perdre la tête. Il obtint sa grace, épousa mademoiselle de Pont-Château, cousine du cardinal de Richelieu; fut fait duc et pair en 1634; fut arrêté en 1635, et conduit à Vincennes, où il mourut peu de mois après.

ment les enchantemens de Madrid, et surmonter le destin de cette cour, qui veut que chacun y soit arrêté dix ou douze mois après le dernier jour qu'il pensait y être.

Cela, Monsieur, est si vrai, qu'ayant fait cet hiver un effort pour en échapper devant ce terme, la force du charme me ramena de quarante lieues loin, et je m'y trouve aujourd'hui aussi pris que jamais. J'attends pourtant quelques effets de ce que vous dites que vous avez écrit en ma faveur; et si cette aventure doit être achevée par un des plus honnêtes hommes du monde, j'espère que je vous devrai ma délivrance. Je sais, Monsieur, que ce ne sera pas la plus belle que vous ayez mise à fin; mais ce sera, je vous assure, une des plus difficiles et des plus justes. Car sans mentir, vous avez quelque intérêt d'avoir soin d'une personne qui vous honore si véritablement que je fais, et tenant le rang où vous êtes, il n'y a rien que vous ne trouviez plus aisément que des affections aussi pures que la mienne. Ceux qui occupent des places comme la vôtre, sont d'ordinaire traités comme des dieux. Plusieurs les craignent, tous leur sacrifient, mais il y en a peu qui les aiment, et ils trouvent plus aisément des adorateurs que des amis.

Pour moi, Monsieur, je vous ai toujours considéré vous-même, séparé de tout ce qui n'en est pas. Je vois des choses en vous plus grandes et plus éclatantes que votre fortune, et des qualités avec lesquelles vous ne sauriez jamais être un homme ordinaire. Vous jugerez que je dis ceci avec beaucoup de connaissance, si vous vous souvenez de l'entretien que j'eus l'honneur d'avoir avec vous dans cette prairie de Chirac, où m'ayant ouvert votre cœur, j'y vis tant de résolution, de force et de générosité, que vous achevâtes de gagner le mien. Je connus alors que vous aviez de si saines opinions de tout ce qui a accoutumé de tromper les hommes, que les choses qu'ils considéraient le plus en vous, étaient celles que vous estimiez le moins; et que personne ne juge d'un tiers avec moins de passion, que vous jugiez de vous-même. Je vous avoue, Monsieur, qu'en ce tems-là vous voyant tous les jours marcher sur des précipices avec une contenance gaie et assurée, et ne jugeant pas que la constance pût aller jusque-là, je trouvais quelque sujet de croire que vous ne les aperceviez pas tous. Mais vous m'apprîtes qu'il n'y avait rien en votre personne, ni à l'entour, que vous ne connussiez avec une clarté merveilleuse ; et que voyant, à deux pas de vous, la prison et la mort, et tant d'autres accidens qui vous menaçaient ; et d'autre côté les honneurs, la gloire et les plus hautes récompenses, vous regardiez tout cela sans agitation, et voyez des raisons de ne pas trop envier les unes, et de ne point craindre les autres. Je fus étonné qu'un homme nourri toute sa vie entre les bras de la fortune, sût tous les secrets de la philosophie, et que vous eussiez appris de la sagesse en un lieu où tous les autres la perdent. Dès ce moment, Monsieur, je vous mis au nombre de trois ou quatre personnes que j'aime, et que j'honore sur tout le reste du monde, et ajoutai beaucoup de respect et d'estime à la passion que j'avais toujours eue pour vous. J'en formai une autre affection beaucoup plus grande ; c'est celle-là que j'ai encore, et que je conserverai toute ma vie, en un si haut point qu'il est vrai que vous devez la reconnaître, et témoigner que ce vous est quelque contentement que je sois autant que je le suis,

Monsieur, votre, etc.

A M. DE CHAUDEBONNE.

Monsieur,

Je vous écris à la vue de la terre de Barbarie, et il n'y a entr'elle et moi qu'un canal qui n'a, au plus, que trois lieues de largeur, quoique ce soit l'Océan et la mer Méditerranée tout ensemble.

Vous serez étonné de voir si loin un homme qui prend si peu de plaisir à courre, et qui avait tant de hâte de se rapprocher de vous. Mais l'avis que l'on m'a donné que cette saison n'était guères propre à la navigation, pour les grands calmes qu'il y a, et que difficilement je trouverais embarcation devant le mois de septembre, m'a fait naître l'envie et le loisir de faire cette promenade; et j'ai mieux aimé souffrir le travail du chemin, que l'oisiveté de Madrid; de sorte qu'après avoir vu à

Grenade tout ce qui y reste de la magnificence des rois Maures, l'*Alhambra*, le *Zacatin*, et cette célèbre place de *Vivaramble*, où j'avais imaginé autrefois tant de tournois et de combats, je suis venu jusqu'à la pointe de Gibraltar, d'où, aussitôt que l'on aura équipé une frégate, j'espère passer le détroit et voir Ceuta, et au retour de là prendre le chemin de Cadix, San-Luçar et Seville, et me rendre à Lisbonne.

Jusques ici, Monsieur, je ne me suis point repenti de cette entreprise, laquelle en cette saison a semblé téméraire à tout le monde. L'Andalousie m'a reconcilié avec tout le reste de l'Espagne ; et l'ayant passée en tant d'autres endroits, je serais bien fâché de ne l'avoir point vue en celui seul par où elle peut paraître belle.

Vous ne trouverez pas étrange que je loue un pays où il ne fait jamais froid, et où naissent les cannes de sucre. Mais je vous assure qu'il y a ici tel melon que l'on pourrait venir manger de quatre cents lieues ; et cette terre, pour laquelle tout un peuple erra si long-tems dans les déserts, ne pouvait être, à mon avis, guères plus délicieuse que celle-ci. J'y suis servi par des esclaves qui pourraient être mes maîtresses, et sans péril, j'y puis par-tout cueillir des palmes. Cet arbre, pour qui toute l'ancienne Grèce à combattu, et qui ne se trouve en France que dans nos poëtes, n'est pas ici plus rare que les oliviers, et il n'y a pas un habitant de cette côte qui n'en ait plus que tous les Césars. On y voit, tout d'une vue, les montagnes chargées de neiges, et les campagnes couvertes de fruits. On y a de la glace en août, et des raisins en janvier. L'hiver et l'été y sont toujours mêlés ensemble, et quand la vieillesse de l'année blanchit la terre par-tout ailleurs, elle est ici toujours verte de lauriers, d'orangers et de myrtes.

Je vous avoue, Monsieur, que je tâche à vous la faire sembler la plus belle qu'il me sera possible. Vous ayant exagéré autrefois le mal que j'ai rencontré en Espagne, si je ne m'en veux pas dédire, je crois au moins être obligé de vous décrire avantageusement ce que j'y trouve de bon. Cependant il y a de quoi s'étonner qu'un homme aussi libertin que moi, se hâte de quitter tout cela pour aller trouver un maître. Mais à la vérité, le nôtre est tel qu'il n'y a point de délices que l'on doive préférer à l'honneur et au contentement de le servir; et la liberté, qui est estimée la plus aimable chose du monde, ne l'est pas tant que son Altesse. Vous savez que je n'ai guères d'inclination à la flatterie, et une des plus remarquables singularités qui soient en Monseigneur, est de ne la pouvoir souffrir. Mais il faut avouer qu'outre les hautes vertus que la grandeur de sa naissance lui donne, son affabilité et sa bonté, la beauté et la vivacité de son esprit, le plaisir avec lequel il écoute les bonnes choses, et la grâce dont il les dit lui-même, sont des qualités qui à peine se trouvent nulle part au point qu'elles paraissent en lui. Et si ce n'est que pour voir quelque chose de rare que je cours le monde, je n'ai que faire de passer plus loin, et je ferai mieux de me ranger auprès de sa personne. Je considère ici tout ce que je vois avec plus de curiosité que je n'en ai de moi-même, pour satisfaire quelque jour à celle de son Altesse; et je sais que quand j'aurai eu l'honneur de l'entretenir une fois, il le saura toute sa vie mieux que moi.

Je vous supplie très-humblement, Monsieur, vous qui avec tant de bonté me procurez toutes sortes d'honneurs et d'avantages, de me faire la faveur de trouver occasion de témoigner à Monseigneur, l'extrême desir que j'ai de me voir à ses pieds, et les vœux que je fais tous les jours pour une santé si importante à tout le monde, que la sienne.

Si après cela je désire encore quelque chose de vous, c'est seulement que vous preniez garde, s'il vous plaît, que le tems ne m'ôte rien de la part que si libéralement vous m'avez donnée en votre affection. Vous qui savez, Monsieur, qu'en tous ceux qui aiment beaucoup, il y a toujours quelques mouvemens qui ne sont pas de la raison, pardonnez-moi, s'il vous plaît, cette crainte, et considérez que je suis excusable, étant avec tant de passion,

Monsieur, votre, etc.

AU MÊME.

A Lisbonne, le 22 octobre 1633.

Monsieur,

Je croyais que je ne pourrais jamais sortir de ce pays, et il semblait que mon malheur eût bouché les ports de San-Luçar et de Lisbonne. Mais il est arrivé un navire anglais dans lequel, Dieu aidant, je m'embarquerai. Il y a trois semaines que je l'attends; dans deux jours il sera achevé de charger, et partira au premier vent. La fortune dispose bien bizarrement de moi, et après m'avoir fait voyager en Espagne au mois d'août, elle me fera naviguer en novembre. Le vaisseau est de 25 pièces, fort bon et bien armé. Je pense que nous aurons besoin de tout, car il y a beaucoup de turcs à la côte; et en ce tems-ci je crois que je ne serai pas si malheureux que je ne voie quelque tempête que j'aie quelque jour à vous décrire. Cette embarcation est sans doute une des meilleures que je pouvais espérer. Le voyage est beaucoup plus aisé d'ici que de Séville, et je ne voudrais pour rien y être demeuré, et ne m'être pas résolu de venir voir le Portugal. Je vous assure, Monsieur, que dom Manuel et la Sennora Osaria ont ici de beaux biens, et que s'ils y pouvaient rentrer, ils y seraient mieux accommodés qu'à Bruxelles.

Lisbonne est, à mon gré, une des plus belles villes du monde, et qui mérite autant d'être vue. Ce sont trois montagnes couvertes de maisons et de jardins, qui se mirent toutes dans une rivière large de trois lieues; je ne laisse pas pourtant d'y être avec quelque ennui, car je n'ai reçu pas une lettre depuis que j'y suis, et je ne sais rien d'aucune chose. On ne connaît quasi point ici d'autre France que l'Antarctique. La plupart de ceux que j'y vois sont des hommes de l'autre monde, et on y sait plus souvent des nouvelles du cap Vert et du Brésil, que de Paris ou de Flandres.

C'est une étrange chose, Monsieur, que des aventures d'Espagne. J'y ai été toujours aussi chaste qu'une demoiselle que je crois que vous voyez tous les soirs, et avec toute ma sévérité, je ne laisserai pas de vous pouvoir montrer quelque jour des poulets en castillan, en portugais et en andaloux; et si une maure qui demeure devant mes fenêtres savait écrire, je vous en pourrais faire voir encore en guinois. Mais j'espère que le vent emportera bientôt toutes ses affections, et me mettra en lieu où j'en ai de plus solides et de mieux fondées. Vous qui faites tout seul une grande partie de toutes les miennes, vous pouvez vous imaginer avec quelle impatience je désire ce bonheur. Moi qui m'étais défendu toute ma vie des tristesses, des langueurs et des inquiétudes de l'amour, je trouve à cette heure tout cela dans l'amitié.

Je pense, Monsieur, que vous me croirez, et que vous vous persuaderez aisément qu'un homme auquel vous avez fait tant de biens, et à qui vous en avez enseigné encore davantage, ne peut manquer d'en avoir le ressentiment qu'il doit. La fermeté et la reconnaissance sont deux vertus que vous m'avez apprises, que je ne saurais mieux employer qu'en vous : et quand, avec toute sorte de générosité, je vous aurais payé au double tout ce que je vous dois, après cela je ne serais pas encore quitte, et je vous devrais cette générosité-là même, puisque ce serait auprès de vous que je l'aurais acquise. Aussi n'est-ce pas mon intention de m'acquitter envers une personne à qui je prends tant de plaisir d'être redevable; et outre que mon inclination et ma raison me donnent à vous, je suis bien aise d'avoir encore des obligations infinies d'être toujours,

Monsieur, votre, etc.

A M. LE CARDINAL DE LA VALLETTE.

Monseigneur,

Je m'imagine que vous avez cru, lorsque vous avez écrit la lettre dont avez voulu m'honorer, que le cas qu'il m'a plu de tout tems faire de vous, vous avait acquis quelque approbation dans le monde ; qu'en toutes sortes de rencontres, je vous avais donné une infinité de preuves de l'honneur de mon amitié, et qu'ensuite de cela je vous avais prêté deux mille écus dans une occasion bien pressante, et en un tems où d'ailleurs tout votre crédit vous manquait.

Au moins de la façon que vous me remerciez et que vous parlez de vous et de moi, j'ai raison de m'imaginer qu'en rêvant, vous avez pris l'un pour l'autre, et que, sans y penser, vous vous êtes mis en ma place. Autrement, Monseigneur, vous n'auriez point écrit de la sorte que vous faites ; si ce n'est, peut-être, que n'estimant pas qu'il y ait de plus grand bien au monde que d'en faire aux autres, vous croyez que ceux-là vous obligent qui vous donnent occasion de les obliger, et pensez avoir reçu les plaisirs que vous avez faits. Certes, si cela est ainsi, j'avoue qu'il n'y a point d'homme à qui vous ayez tant d'obligation qu'à moi, et que je mérite tous les remercimens que vous me faites, puisque je vous ai donné plus de moyens que personne d'exercer votre générosité, et de faire des actions de bonté qui valent mieux, sans doute, que tout le bien que vous m'avez fait, et que tout celui qui vous reste.

Dans le grand nombre de ceux que j'ai reçus de vous, et entre tant de graces qu'il vous a plu me départir, je vous assure, Monseigneur, qu'il n'y en a point que j'estime tant que les lettres que vous m'avez fait l'honneur de m'écrire. Sans cela, certes, je ne me pourrais pas défendre de l'ennui qui se présente ici de tous côtés, ni résister au chagrin de Monsieur de C***, qu'il me faut tous les jours combattre, et qui est, sans mentir, beaucoup au-dessus de tout ce qu'on s'en imagine. Outre qu'il s'est mis en fantaisie de se laisser croître une barbe qui lui vient déjà jusques à la ceinture, il a pris un ton de voix beaucoup plus sévère que jamais, et qui a à-peu-près le son du cor d'Astolfe [1]. A moins que de traiter de l'immortalité de l'ame, ou du souverain bien, et d'agiter quelqu'une des plus importantes questions de la morale, on ne lui saurait plus faire ouvrir la bouche. De sorte, Monseigneur, que vous ne désirez rien d'avantageux pour les peuples à qui vous le souhaitez pour gouverneur.

[1] Il en est fort question dans l'*Orlando furioso*.

A M.lle DE RAMBOUILLET.

Mademoiselle,

Je ne m'étonne pas que vous ayez r , en m'écrivant l'étrange bruit qui court de moi, que je n'ai ni bonté, ni amitié. Car, sans mentir, il ne s'est jamais rien dit de si ridicule, et vous avez eu raison de recevoir cela de la même sorte que si l'on vous disait que monsieur de Chaudebonne vole sur les grands chemins.

Pour moi, j'admire qu'une si fausse opinion et une calomnie si mal fondée, ait pu s'étendre si loin, et infecter trois provinces; et qui que ce soit qui lui ait donné cours, il faut que vous m'avouiez, que ce doit être la plus méchante et la plus dangereuse personne du monde. J'en ferai une exacte perquisition, et si j'en puis découvrir quelque chose, je vous jure que je m'en saurai venger, quand bien elle serait aussi aimable et aussi redoutable que vous. Certes, Madame votre mère fait une action digne de son ordinaire bonté, de ne vouloir pas souffrir qu'on profère une si grande méchanceté sur ses terres. Mais qu'elle empêche seulement qu'on ne la dise dans sa chambre, et dans son cabinet; car je connais des personnes assez hardies et déterminées pour cela.

La pauvre mademoiselle de Chalais, que vous exposez comme un mouton à ma colère, n'a point de part à ce crime. Ce n'est que par simplicité qu'elle a failli, et je me plaindrais davantage de sa maîtresse, si je pouvais me prendre à d'autres qu'aux auteurs de cette imposture. Je trouve étrange, sans mentir, qu'elle qui sait ce que c'est que les charmes de la paresse, et la douceur qu'il y a à ne rien faire, m'appelle ingrat, de ce que je la laisse en repos, et que je ne lui écris point des lettres, qu'elle voudrait de bon cœur n'avoir pas reçues, toutes les fois qu'il y faudrait répondre.

Quoique je ne me mette pas en peine d'en

rien témoigner, elle a toujours la place qu'elle doit avoir dans mon esprit, sans qu'elle lui coûte rien à garder. Elle est, comme elle le demande, au fond de mon cœur, au lieu le plus retiré, en repos et sans bruit. En vérité je l'honore et l'aime aussi parfaitement qu'elle le mérite, et toutes les fois que je lis quelque chose de joli, que je mange quelque chose de bon, je me souviens d'elle et je lui en souhaite autant.

Mais à propos, Mademoiselle, vous nous en mandâtes une nouvelle il y a quelque tems, à laquelle je ne répondis point, parce que je grondais alors, et qui après ce que vous m'avez écrit du bruit qui court de moi, m'a semblé aussi étrange que chose que j'aie jamais ouï dire. Quoique je connaisse aussi bien que personne du monde, toutes les grâces de madame la Marquise de ***, je ne me puis assez étonner qu'en un tems où elle ne se soucie d'homme vivant que de son médecin et de son cuisinier ; vêtue de cette satine que nous lui avons vue, et coiffée de trois serviettes, elle ait pu gagner un cœur aussi difficile à prendre, que je m'imagine que doit être celui du marquis de la * * *, et envoyer un amant soupirer pour elle dans les déserts de la Thébaïde [1].

L'on ne me tient pas si méchant ici qu'on fait au lieu où vous êtes ; mais, Mademoiselle, j'avoue que cela ne me console point, et je suis bien malheureux, si dans ce nombre de personnes que je révère particulièrement en France, il n'y en a quelqu'une qui ait assez bonne opinion de moi pour croire que j'ai le cœur fait comme il le faut avoir, que je sais constamment honorer ce qui le mérite, et aimer infiniment ce qui est infiniment aimable. Je ne sais pas, pour votre particulier, ce que vous en pensez, mais je vous assure qu'il n'y a personne qui ait moins de sujets d'en douter, et que je suis aussi parfaitement que je le dois et que vous le sauriez vouloir,

Mademoiselle, votre, etc.

[1] Dans la haute Egypte, où se sont etablis les premiers anachorètes.

A M. LE DUC DE BELLEGARDE.

Monseigneur,

C'est monsieur de Chaudebonne qui me fait prendre la hardiesse de vous écrire, et dans l'ennui dont il me voit ici accablé, il m'a voulu donner cette consolation. Il est vrai, Monseigneur, qu'entre les plus grands sujets d'affliction que j'ai reçus en ce pays, je mets le déplaisir de ne vous y avoir point trouvé. Je m'étais préparé à cet exil, sur l'espérance de le passer auprès de vous, et je croyais que je trouverais toujours la France en quelque part où vous seriez; mais c'eût été un trop grand soulagement pour un homme qui était destiné à être malheureux, et la fortune n'a pas accoutumé de faire tant de grace à ceux qu'elle persécute.

Cependant, Monseigneur, je prends à bon

augure de ce qu'elle nous rapproche du lieu où vous êtes, et je croirai qu'elle se veut reconcilier avec nous, si elle nous rend le bonheur de votre présence. Car, pour dire le vrai, Monseigneur, je ne puis penser qu'elle vous ait entièrement abandonné, et c'est assez qu'elle soit femme, pour croire qu'elle ne peut vous haïr, et qu'elle reviendra bientôt à vous.

Au moins, à son défaut, aurez-vous toujours cette extrême sagesse et cette grandeur de courage qui vous ont accompagné partout, et dont vous avez, depuis quelque tems, donné de si bonnes preuves, que je doute si ces années de malheurs ne vous ont pas été plus avantageuses que les autres. Je continuerais ici, Monseigneur, bien volontiers ce discours; mais je crains de n'user pas assez discrètement de la liberté que l'on m'a donnée.

AU CARDINAL DE LA VALETTE.

Monseigneur,

Encore faut-il que vous ayez quelque mortification dans vos triomphes, et qu'ayant à toute heure le plaisir d'entretenir des gens de guerre tout votre saoul, vous preniez pour un moment en patience l'entretien d'un homme de lettres. Nous ne saurions souffrir à Paris que vous soyez si aise à Metz, et ne pouvant pas empêcher vos joies, nous voulons au moins les interrompre. Je n'aurais pourtant pas été si hardi que de l'entreprendre, s'il ne m'avait été commandé par une dame, à qui rien ne se peut refuser.

Il est vrai, Monseigneur, que toutes les fois que je m'imagine de vous voir avec huit ou dix mestres-de-camp à l'entour de vous, j'ai pitié de Térence, de Virgile et de moi ; je plains extrêmement ceux qui désirent ici que vous vous souveniez souvent d'eux, et je suis assuré qu'il n'y a point de si petit bastion en votre place, qui ne vous soit plus considérable, et que vous n'aimiez beaucoup plus que moi. Toutefois, je n'osais pas en murmurer ; je considérais qu'il y avait quelques personnes qui avaient plus de droits de s'en plaindre, et je ne voulais pas avoir de différend avec un homme que l'on dit qui peut disposer de toutes les troupes du maréchal de la Force [1]. Mais à cette heure que l'on m'a donné la hardiesse de parler, et qu'il y a ici des personnes qui m'avoueront de tout ce que j'écrirai, je ne craindrai point de vous dire que c'est une chose ex-

[1] Jacques Nompar de Caumont, duc de la Force, qui, pendant la nuit de la St.-Barthélemy, vit massacrer à ses côtés, dans le même lit, son père et son frère aîné, et échappa, comme par miracle, aux assassins. Mort en 1652, âgé de 89 ans.

trêmement pitoyable que votre affection qui était il y a peu de tems partagée entre les plus aimables personnes du monde, soit maintenant comme donnée au pillage aux gens-d'armes. Je ne suis pas bien maître de moi, et tout mon esprit se renverse quand je songe que la place qu'avait en votre cœur la plus adorable créature qui fût jamais, est peut-être à cette heure tenue par le colonel Ebron; que madame de C*** et mademoiselle de Rambouillet ont quitté la leur à un aide-de-camp, ou à un sergent-major, et que vous aurez donné la mienne à quelque misérable anspesade [1]. Cette pensée, Monseigneur, nous met tous ici dans une tristesse qui ne se peut exprimer. Il n'y a qu'une personne qui est plus constante que les autres, et qui assure que l'on ne doit pas croire de vous une si grande injustice. Celle dont je vous parle, est une demoiselle, blonde, blanche et grasse, plus

---

[1] Bas-officier d'infanterie, au-dessous du caporal. Ce grade est aboli depuis long-tems.

gaie et plus belle que les plus beaux jours de cette saison, et telle qu'à peine en trouveriez-vous trois en tout le pays Messin ; si bien faites qu'elle. Elle a un teint qui obscurcit toutes choses, une bouche que toutes celles du monde ne sauraient assez louer, pleine de traits et de charmes, et qui ne s'ouvre et ne se ferme jamais qu'avec esprit et avec jugement. Je vous conseille de faire exactement tout ce qu'elle désire, et d'éviter, sur toutes choses, de vous mettre mal avec elle. Car si elle entreprend de vous faire du mal, Metz n'est pas une assez bonne place pour vous défendre contre son pouvoir.

Mais, Monseigneur, je ne considère pas que je vous entretiens trop long-tems, parmi tant d'affaires que vous avez, et si je fais ma lettre plus longue, je crains que vous ne remettiez à la lire quand la paix sera faite. Je serais pourtant bien fâché que vous n'en vissiez pas la fin, puisque ce qui m'importe le plus, est que vous y lisiez les protestations très-sérieuses que je vous fais, que de tant de personnes qui ont reçu de vos bienfaits il n'y en a point qui soit avec plus de zèle et de respect que moi,

Votre, etc.

A M.lle DE RAMBOUILLET.

Mademoiselle,

Je ne croyais pas qu'il pût jamais arriver que je fusse plus affligé pour avoir reçu une de vos lettres, ni que vous me puissiez donner de si mauvaises nouvelles que vous ne m'en sussiez consoler en même-tems. Il me semblait que mon malheur était en un point qu'il ne pouvait plus croître, et que puisque vous aviez pu quelquefois me faire endurer patiemment l'absence de madame votre mère et la vôtre, il n'y avait point de mal que vous ne puissiez m'apprendre à souffrir. Mais pardonnez - moi, si je vous dis que j'ai trouvé le contraire de tout cela dans l'affliction que j'ai eue de la mort de madame Aubry ; laquelle, sans mentir, a été assez grande pour achever de m'accabler, et a pensé consommer les restes de ma patience.

Vous pouvez juger, Mademoiselle, quelle extrême douleur ce me doit être d'avoir perdu une amie si bonne, si estimable et si parfaite que celle-là, et qui m'ayant toujours donné tant de témoignages de bonne volonté, m'en a encore voulu rendre dans les dernières heures de sa vie. Mais, quand je ne considérerais point mes intérêts, je ne me pourrais empêcher de regretter infiniment une personne de qui vous étiez infiniment aimée, et laquelle, entre beaucoup de dons particuliers, avait celui de vous savoir connaître autant que cela est possible, et de vous estimer sur toutes les choses du monde.

J'avoue pourtant que, si je puis recevoir quelque soulagement dans ce déplaisir, c'est de considérer la constance qu'elle a témoignée et avec quelle force elle a souffert une chose dont le seul nom l'avait toujours fait trembler. Ce m'est une extrême consolation d'apprendre qu'elle a eu à sa mort les seules bonnes qualités qui lui avaient manqué durant sa vie, qu'elle a su trouver si à propos de la résolution et du courage.

Certes, quand j'y songe bien, je fais conscience de la regretter, et il me semble que c'est l'aimer d'une affection trop intéressée, que d'être triste de ce qu'elle nous a quittés pour être mieux, et qu'elle est allée trouver en l'autre monde le repos, qu'elle n'a jamais eu en celui-ci. Je reçois de tout mon cœur les exhortations que vous me faites là-dessus, d'étudier souvent une leçon si utile et si nécessaire, et de me préparer à en faire autant quelque jour. Je sais profiter de vos remontrances, et ce ne sera pas la première fois qu'elles m'auront fait devenir homme de bien. Le malheur qui nous a tant pressés jusques à cette heure, ne nous prépare pas peu à cela. Il n'y a rien qui exhorte tant à savoir bien mourir, que de n'avoir point de plaisir à vivre.

Mais si les espérances que la fortune nous montre doivent réussir ; si après tant de malheureuses années, nous devons avoir quelques beaux jours, souffrez, je vous supplie, Mademoiselle, que j'aie de plus gaies pensées que celles de la mort, et s'il est vrai que nous devions bientôt nous revoir, permettez-moi de ne haïr pas encore la vie. Lorsque vous dites que vous jugez que je suis destiné à de grandes choses, vous me donnez de si bons augures de la mienne, et des aventures qui me doivent arriver, que je serai bien aise qu'elle ne s'achève pas encore sitôt. Pour moi, je vous puis assurer que si le destin me promet quelque chose de bon, je ne lui manquerai pas de mon côté. Je ferai tout ce qui me sera possible pour coopérer avec lui, et pour tâcher à me rendre digne de vos prophéties. Cependant, je vous supplie très-humblement de croire, que de toutes les faveurs que je puis demander à la fortune, celle que je désire le plus passionnément, c'est qu'elle fasse pour vous ce qu'elle doit, et que pour moi, elle me donne le moyen de vous faire connaître la passion avec laquelle je suis,

    Mademoiselle, votre, etc.

A MONSIEUR ***

Après que la ville de Corbie eut été reprise sur les Espagnols, par l'armée du Roi.

Monsieur,

Je vous avoue que j'aime à me venger, et qu'après avoir souffert durant deux mois que vous vous soyez moqué de la bonne espérance que j'avais de nos affaires, vous en avoir ouï condamner la conduite par les événemens, et vous avoir vu triompher des victoires de nos ennemis, je suis bien aise de vous mander que nous avons repris Corbie. Cette nouvelle vous étonnera, sans doute, aussi-bien que toute l'Europe ; et vous trouverez étrange que ces gens que vous tenez si sages, et qui ont particulièrement cet avantage sur nous, de bien garder ce qu'ils ont gagné, ayent laissé reprendre une place sur laquelle on pouvait juger que tomberait tout l'effort de cette guerre, et qui, étant conservée, ou étant reprise, devait donner, pour cette année, le prix et l'honneur des armes à l'un ou à l'autre parti. Cependant nous en sommes les maîtres ; ceux que l'on avait jetés dedans ont été bien aises que le roi leur ait permis d'en sortir, et ont quitté avec joie ces bastions qu'ils avaient élevés, et sous lesquels il semblait qu'ils se voulussent enterrer.

Considérez donc, je vous prie, quelle a été la fin de cette expédition qui a tant fait de bruit. Il y avait trois ans que nos ennemis méditaient ce dessein, et qu'ils nous menaçaient de cet orage ; l'Espagne et l'Allemagne avaient fait pour cela leurs derniers efforts ; l'Empereur y avait envoyé ses meilleurs chefs et sa meilleure cavalerie ; l'armée de Flandres avait donné toutes ses meilleures troupes ; il se forme de cela une armée de vingt-cinq mille chevaux, de quinze mille hommes de pied, et de quarante canons. Cette nuée, grosse de foudres et d'éclairs, vient fondre sur la Picardie, qu'elle trouve à découvert, toutes nos armes étant occupées ailleurs. Ils prennent d'abord la Capelle et le Castelet; ils attaquent et prennent Corbie en neuf jours ; les voilà maîtres de la rivière, ils la passent; ils ravagent tout ce qui est entre la Somme et l'Oise; et tant que personne ne leur résiste, ils tiennent courageusement la campagne, ils tuent nos paysans et brûlent nos villages. Mais sur le premier bruit qui leur vient que Monsieur s'avance avec une armée, et que le Roi le suit de près, ils se retirent, ils se retranchent derrière Corbie, et quand ils apprennent que l'on ne s'arrête point, et que l'on marche à eux tête baissée, nos conquérans abandonnent leurs retranchemens ; ces peuples si belliqueux, et que vous dites qui sont nés pour commander à tous les autres, fuyent devant une armée qu'ils disaient être composée de nos cochers et de nos laquais; et ces gens si déterminés, qui devaient percer la France jusqu'aux Pyrénées, qui menaçaient de piller Paris et d'y venir reprendre, jusque dans Notre Dame, les drapeaux de le bataille d'Avein, nous permettent de faire la circonvallation d'une place qui leur est si importante ; nous donnent le loisir d'y faire des forts, et ensuite de cela nous la laissent attaquer et prendre par force à leur vue.

Voilà où se sont terminées les bravades de Piccolomini [1], qui nous envoyait dire, par ses trompettes, tantôt qu'il souhaitait que nous eussions de la poudre, tantôt qu'il nous vînt de la cavalerie, et, quand nous avons eu l'un et l'autre, il s'est bien gardé de nous attendre ; de sorte, Monsieur, que hors la Capelle et le Castelet, qui sont de nulle considération, tout le fruit qu'a produit cette grande et victorieuse armée, a été de prendre Corbie, pour la rendre, et pour la remettre entre les mains du Roi, avec une contrescarpe, trois

[1] Octave Piccolomini, d'Arragon, duc d'Amalfi, prince de l'Empire, général des armées de l'empereur, chevalier de la toison d'or, naquit en 1599, et mourut en 1656, âgé de 57 ans.

bastions et trois demi-lunes qu'elle n'avait point. S'ils avaient pris encore dix autres de nos places avec un pareil succès, notre frontière en serait en meilleur état, et ils l'auraient mieux fortifiée que ceux qui, jusqu'ici, en ont eu la commission.

Vous semble-t-il que la reprise d'Amiens ait été en rien plus importante ou plus glorieuse que celle-ci ? Alors la puissance du royaume n'était point divertie ailleurs ; toutes nos forces furent jointes ensemble pour cet effet, et toute la France se trouva devant une place. Ici, au contraire, il nous a fallu reprendre celle-ci dans le fort d'une infinité d'autres affaires qui nous pressaient de tous côtés, en un tems où il semblait que cet Etat fût épuisé de toutes choses, et en une saison en laquelle, outre les hommes, nous avions encore le ciel à combattre ; et au lieu que devant Amiens les Espagnols n'eurent une armée que cinq mois après le siége, pour nous le faire lever ; ils en avaient une de quarante mille hommes à Corbie, devant que celui-ci fût commencé.

Je m'assure que si cet événement ne vous fait pas devenir bon français, au moins il vous mettra en colère contre les Espagnols, et que vous aurez dépit de vous être affectionné à des gens qui ont si peu de vigueur et qui savent si mal se servir de leurs avantages.

Cependant, ceux qui, en haine de celui qui gouverne, haïssent leur propre pays, et qui, pour perdre un homme seul, voudraient que la France se perdît, se moquaient de tous les préparatifs que nous faisions pour remédier à cette surprise. Quand les troupes que nous avions ici levées, prirent la route de Picardie, ils disaient que c'était des victimes que l'on allait immoler à nos ennemis ; que cette armée se fondrait aux premières pluies, et que ces soldats, qui n'étaient point aguerris, fuiraient au premier aspect des troupes Espagnoles. Puis, quand ces troupes dont on nous menaçait se furent retirées, et que l'on prit dessein de bloquer Corbie, on condamna encore cette résolution ; on disait qu'il était infaillible que les Espagnols l'auraient pourvue de toutes les choses nécessaires, ayant eu deux mois de loisir pour cela, et que nous consommerions devant cette place beaucoup de millions d'or et beaucoup de milliers d'hommes, pour l'avoir peut-être dans trois ans.

Mais quand on se résolut de l'attaquer par force, bien avant dans le mois de novembre, alors il n'y eut personne qui ne criât. Les mieux intentionnés avouaient qu'il y avait de l'aveuglement, et les autres disaient qu'on avait peur que nos soldats ne mourussent pas assez tôt de misère et de faim, et que l'on les voulait faire noyer dans leurs propres tranchées. Pour moi, quoique je susse les incommodités qui suivent nécessairement les siéges qui se font en cette saison, j'arrêtai mon jugement ; je pensai que ceux qui avaient présidé à ce conseil avaient vu les mêmes choses que je voyais, et qu'ils en voyaient encore d'autres que je ne voyais pas ; qu'ils ne se seraient pas engagés légèrement au siége d'une place sur laquelle toute la Chrétienté ayait les yeux; et dès que je fus assuré qu'elle était attaquée, je ne doutai quasi plus qu'elle ne dût être prise. Car, pour en parler plus sainement, nous avons vu quelquefois monsieur le Cardinal [1] se tromper dans les choses qu'il a fait faire par les autres; mais nous ne l'avons jamais vu encore manquer dans les entreprises qu'il a voulu exécuter lui-même, et qu'il a soutenues de sa présence. Je crus donc qu'il surmonterait toute sorte de difficultés, et que celui qui avait pris la Rochelle, malgré l'Océan, prendrait encore bien Corbie, en dépit des pluies et de l'hiver.

Mais puisqu'il vient à propos de parler de lui, et qu'il y a trois mois que je ne l'ai osé faire, permettez-le moi à cette heure, et trouvez bon que dans l'abattement où vous met cette nouvelle, je prenne mon tems de dire ce que je pense.

Je ne suis pas de ceux qui, ayant dessein, comme vous dites, de convertir des

[1] Le cardinal de Richelieu.

éloges en brevets, font des miracles de toutes les actions de monsieur le Cardinal, portent ses louanges au-delà de ce que peuvent et doivent aller celles des hommes, et à force de vouloir trop faire croire de bien de lui, n'en disent que des choses incroyables. Mais aussi n'ai-je pas cette basse malignité de haïr un homme à cause qu'il est au-dessus des autres, et je ne me laisse pas non plus emporter aux affections ni aux haines publiques, que je sais être, quasi toujours, fort injustes. Je le considère avec un jugement que la passion ne fait pencher ni d'un côté ni d'autre, et je le vois des mêmes yeux dont la postérité le verra. Mais lorsque dans deux cents ans, ceux qui viendront après nous liront en notre histoire, que le cardinal de Richelieu a démoli la Rochelle et abattu l'hérésie, et que par un seul traité, comme par un coup de rets, il a pris trente ou quarante de ses villes pour une fois; lorsqu'ils apprendront que du tems de son ministère, les anglais ont été battus et chassés, Pignerol conquis, Cazal secouru ¹, toute la Lorraine jointe à cette couronne, la plus grande partie de l'Alsace mise sous notre pouvoir, les Espagnols défaits à Veillane et à Avein ; et qu'ils verront que tant qu'il a présidé à nos affaires, la France n'a pas un voisin sur lequel elle n'ait gagné des places ou des batailles ; s'ils ont quelques gouttes de sang français dans les veines, et quelque amour pour la gloire de leur pays, pourront-ils lire ces choses sans s'affectionner à lui, et à votre avis l'aimeront-ils, ou l'estimeront-ils moins, à cause que de son tems les rentes sur l'hôtel-de-ville se seront payées un peu plus tard, ou que l'on aura mis

---

¹ Par le duc d'Harcourt, celui qui dans la suite arrêta les princes, et sur qui le grand Condé fit ce couplet dans le carrosse même qui le menait en prison :

> Cet homme gros et court,
> Si connu dans l'histoire,
> Ce grand comte d'Harcourt
> Tout couronné de gloire,
> Qui secourut Cazal et qui reprit Turin,
> Est maintenant recors de Jules Mazarin.

quelques nouveaux officiers dans la chambre des comptes?

Toutes les grandes choses coûtent beaucoup, les grands efforts abattent, et les puissans remèdes affaiblissent; mais si l'on doit regarder les Etats comme immortels, y considérer les commodités à venir comme présentes, comptons combien cet homme, que l'on dit qui a ruiné la France, lui a épargné de millions par la seule prise de la Rochelle, laquelle, d'ici à deux mille ans, dans toutes les minorités des rois, dans tous les mécontentemens des grands, et dans toutes les occasions de révoltes, n'eût pas manqué de se rébeller, et nous eût obligés à une éternelle dépense.

Ce royaume n'avait que deux sortes d'ennemis qu'il dût craindre, les Huguenots et les Espagnols. Monsieur le Cardinal, entrant dans les affaires, se mit en l'esprit de ruiner tous les deux. Pouvait-il former de plus glorieux ni de plus utiles desseins? Il est venu à bout de l'un, et il n'a pas achevé l'autre. Mais s'il eût manqué au premier, ceux qui crient à cette heure que ç'a été une résolution téméraire, hors de tems et au-dessus de nos forces, que de vouloir attaquer et abattre celles d'Espagne, et que l'expérience l'a bien montré, n'auraient-ils pas condamné de même le dessein de perdre les Huguenots ? n'auraient-ils pas dit qu'il ne fallait pas recommencer une entreprise où trois de nos rois avaient manqué, et à laquelle le feu roi n'avait osé penser; et n'eussent-ils pas conclu, aussi faussement qu'ils font encore en cette autre affaire, que la chose n'était pas faisable, à cause qu'elle n'aurait pas été faite? Mais jugeons, je vous supplie, s'il a tenu à lui ou à la fortune qu'il ne soit venu à bout de ce dessein. Considérons quels chemins il a pris pour cela, quels ressorts il a fait jouer. Voyons s'il s'en est fallu beaucoup qu'il n'ait renversé ce grand arbre de la maison d'Autriche [1], et s'il n'a pas ébranlé jusques aux racines, ce tronc, qui, de deux

[1] Par le traité du 23 janvier 1631, conclu entre la France et la Suède.

branches couvre le septentrion et le couchant, et qui donne de l'ombrage au reste de la terre. Il fut chercher jusques sous le pôle, ce héros qui semblait être destiné à y mettre le fer, et à l'abattre ; mais quand cet orage fut dissipé, et que la fortune en eut détourné le coup, s'arrêta-t-il pour cela, et ne mit-il pas encore une fois l'Empire en un plus grand hasard qu'il n'avait été par la perte de la bataille de Leipsik et celle de Lutzen ? Son adresse et ses pratiques nous firent avoir tout d'un coup une armée de quarante mille hommes, dans le cœur de l'Allemagne, avec un chef qui avait toutes les qualités qu'il faut pour faire un changement dans un Etat.

Que si le roi de Suède [1] s'est jeté dans le péril, plus avant que ne devait un homme de ses desseins et de sa condition, et si le duc de Fridlandt, pour trop différer son

---

[1] Gustave-Adolphe II, dit *le Grand*, né à Stockholm en 1594, mort le 16 novembre 1632, à la bataille de Lutzen, percé de deux balles et de deux coups d'épée. La victoire resta à son armée.

entreprise, l'a laissée découvrir, pouvait-il charmer la balle qui a tué celui-là au milieu de sa victoire, ou rendre celui-ci impénétrable aux coups de pertuisane? Que si, ensuite de tout cela, pour achever de perdre toutes choses, les chefs qui commandaient l'armée de nos alliés devant Norlinghen, donnèrent la bataille à contre-tems, était-il au pouvoir de monsieur le Cardinal, étant à deux cents lieues de là, de changer ce conseil, et d'arrêter la précipitation de ceux qui, pour un empire, (car c'était le prix de cette victoire) ne voulurent pas attendre trois jours ?

Vous voyez donc que pour sauver la maison d'Autriche, et pour détourner ses desseins, que l'on dit à cette heure avoir été si téméraires, il a fallu que la fortune ait fait depuis trois miracles, c'est-à-dire, trois grands événemens qui, vraisemblablement, ne devaient pas arriver : la mort du roi de Suède, celle du duc de Fridlandt et la perte de la bataille de Norlinghem. Vous me direz qu'il ne se peut pas plaindre de la fortune pour l'avoir traversé en cela, puisqu'elle l'a servi si fidèlement dans toutes les autres choses ; que c'est elle qui lui a fait prendre des places sans qu'il en eût jamais assiégé auparavant ; qui lui a fait commander heureusement des armées sans aucune expérience, qui l'a mené toujours comme par la main et sauvé d'entre les précipices où il était jeté, et enfin qui l'a fait souvent paraître hardi, sage et prévoyant. Voyons-le donc dans la mauvaise fortune, et examinons s'il y a eu moins de hardiesse, de sagesse et de prévoyance.

Nos affaires n'allaient pas trop bien en Italie, et, comme c'est le destin de la France de gagner des batailles et de perdre des armées, la nôtre était fort dépérie depuis la dernière victoire qu'elle avait emportée sur les Espagnols. Nous n'avions guères plus de bonheur devant Dole, où la longueur du siége nous en faisait attendre une mauvaise issue. Quand on sut que les ennemis étaient entrés en Picardie ; qu'ils avaient pris d'abord la Capelle, le Castelet et Corbie, et que ces trois places, qui les devaient arrêter pendant plusieurs mois, les avaient à peine arrêtés huit jours, tout est en feu, jusques sur les bords de la rivière d'Oise ; nous pouvons voir de nos faubours la fumée des villages qu'ils nous brûlent ; tout le monde prend l'alarme, et la capitale ville du royaume est en effroi. Sur cela, on a avis de Bourgogne que le siége de Dole était levé, et de Saintonge qu'il y a quinze mille paysans révoltés, qui tiennent la campagne, et que l'on craint que le Poitou et la Guyenne ne suivent cet exemple. Les mauvaises nouvelles viennent en foule ; le ciel est couvert de tous côtés; l'orage nous bat de toutes parts, et il ne nous luit pas, de quelqu'endroit que ce soit, un rayon de bonne fortune. Dans ces ténèbres, monsieur le Cardinal a-t-il vu moins clair ? a-t-il perdu la tramontane ? durant cette tempête, n'a-t-il pas toujours tenu le gouvernail d'une main, et la boussole de l'autre ? S'est-il jeté dedans l'esquif pour se sauver, et si le grand vaisseau qu'il conduisait avait à se perdre, n'a-t-il pas témoigné qu'il y voulait mourir devant tous les autres ? Est-ce la fortune qui l'a tiré de ce labyrinthe, ou si ç'a été sa prudence, sa constance et sa magnanimité ? Nos ennemis sont à quinze lieues de Paris, et les siens sont dedans. Il a tous les jours avis que l'on y fait des pratiques pour le perdre. La France et l'Espagne, par manière de dire, sont conjurées contre lui seul. Quelle contenance a tenu parmi tout cela cet homme, que l'on disait qui s'étonnerait au moindre mauvais succès, et qui avait fait fortifier le Havre, pour s'y jeter à la première mauvaise fortune ? Il n'a pas fait une démarche en arrière pour cela. Il a songé aux périls de l'Etat et non pas aux siens; et tout le changement que l'on a vu en lui durant ce temps-là, est qu'au lieu qu'il n'avait accoutumé de sortir qu'accompagné de deux cents gardes, il se promena tous les jours, suivi seulement de cinq ou six gentilshommes.

Il faut avouer qu'une adversité soutenue

de si bonne grace et avec tant de force, vaut mieux que beaucoup de prospérité et de victoires. Il ne me sembla pas si grand ni si victorieux, le jour qu'il entra dans la Rochelle, qu'il me le parut alors, et les voyages qu'il fit de sa maison à l'Arsenal me semblent plus glorieux pour lui que ceux qu'il a faits delà les monts, et desquels il est revenu, avec Pignerol et Suze. Ouvrez donc les yeux, je vous supplie, à tant de lumières. Ne haïssez pas plus long-tems un homme qui est si heureux à se venger de ses ennemis, et cessez de vouloir du mal à celui qui le sait tourner à sa gloire, et qui le porte si courageusement. Quittez votre parti devant qu'il vous quitte. Aussibien une grande partie de ceux qui haïssaient monsieur le cardinal, se sont convertis par le dernier miracle qu'il vient de faire; et si la guerre peut finir, comme il y a apparence de l'espérer, il trouvera moyen de gagner bientôt tous les autres. Etant si sage qu'il est, il a connu, après tant d'expériences, ce qui est de meilleur,

DE VOITURE.

et il tournera ses desseins à rendre cet État le plus florissant de tous, après l'avoir rendu le plus redoutable. Il s'avisera d'une sorte d'ambition qui est plus belle que toutes les autres, et qui ne tombe dans l'esprit de personne, de se faire le meilleur et le plus aimé du royaume, et non pas le plus grand et le plus craint. Il connaît que les plus nobles et les plus anciennes conquêtes sont celles des cœurs et des affections; que les lauriers sont des plantes infertiles qui ne donnent au plus que de l'ombre, et qui ne valent pas les moissons et les fruits dont la paix est couronnée. Il voit qu'il n'y a pas tant de sujet de louange à étendre de cent lieues les bornes d'un royaume, qu'à diminuer un sol de la taille, et qu'il y a moins de grandeur et de véritable gloire à défaire cent mille hommes, qu'à en mettre vingt millions à leur aise et en sûreté.

Aussi ce grand esprit qui n'a été occupé jusqu'à présent qu'à songer aux moyens de fournir aux frais de la guerre, à lever de l'argent et des hommes, à prendre des villes, et à gagner des batailles, ne s'occupera désormais qu'à rétablir le repos, la richesse et l'abondance.

Cette même tête qui nous a enfanté Pallas armée, nous la rendra avec son olive, paisible, douce et savante, et suivi de tous les arts qui marchent d'ordinaire avec elle. Il ne fera plus de nouveaux édits que pour régler le luxe et pour rétablir le commerce. Ces grands vaisseaux, qui avaient été faits pour porter nos armes au-delà du détroit [1], ne serviront qu'à conduire nos marchandises et à tenir la mer libre, et nous n'aurons plus la guerre qu'avec les corsaires.. Alors les ennemis de monsieur le Cardinal ne sauront plus que dire contre lui, comme ils n'ont su que faire jusqu'à cette heure. Alors les bourgeois de Paris seront ses gardes, et il connaîtra combien il est plus doux d'entendre ses louanges dans la bouche du peuple que dans celle des poëtes.

Prévenez ce tems-là, je vous conjure, et n'attendez pas à être de ses amis jusqu'à ce

[1] De Gibraltar.

que vous y soyez contraint. Que si vous voulez demeurer dans votre opinion, je n'entreprends pas de vous l'arracher par force; mais aussi ne soyez pas si injuste que de trouver mauvais que j'aie défendu la mienne, et je vous promets que je lirai volontiers tout ce que vous m'écrirez, quand les Espagnols auront repris Corbie. Je suis,

Monsieur, votre, etc.

De Paris, le 24 décembre 1636.

AU CARDINAL DE LA VALETTE.

Monseigneur,

Je voyais beaucoup de raisons de ne pas espérer sitôt de vos lettres, et je jugeais bien qu'une personne qui faisait tant de choses, n'en pouvait pas beaucoup écrire. Je me contentais d'entendre ici toutes les semaines crier votre nom et vos victoires, et de pouvoir apprendre de vos nouvelles en les achetant. Mais il est vrai qu'il était tems que vous me fissiez l'honneur que j'ai reçu de vous, et l'insolence de quelques gens commençait à m'être insupportable, qui disaient tout haut que le temps de leurs prophéties était arrivé, et que je me verrais bientôt avec eux comme une personne privée. Il y en a même qui ont pris cette occasion de tenter ma fidélité. Vous ne sauriez croire, Monseigneur, quels avantages l'on m'a offerts pour me faire promettre de quitter votre parti cet hiver, et de prêter mes griffes contre vous deux fois la semaine. Cependant, quoique ces offres m'aient été présentées par la plus charmante bouche du monde, j'y ai résisté avec toute la constance que je suis obligé d'avoir pour un homme à qui je dois toutes choses, et que je trouve d'ailleurs si à mon gré, que, quand il m'aurait toujours haï, je ne me pourrais jamais empêcher de le respecter; de sorte qu'encore que j'aie à Paris ces attachemens que ne manquent jamais d'y avoir ceux qui ne songent pas à commander des armées, et qui ne sont pas capables de ces hautes passions, qui tiennent à cette heure un peu plus de la moitié de votre ame, je suis prêt d'en partir toutes les fois que vous me l'ordonnerez, et je quitterai pour vous aller trouver une personne jeune, gaie et brune. Je n'attends pour cela que d'en avoir une honnête occasion; et si les ennemis, comme je le crois, ne vous osent attendre que derrière leurs murailles, et vous obligent à un siége, je ne manquerai pas de me rendre auprès de vous. Aussi bien, pour dire le vrai, j'aime mieux être assiégeant qu'assiégé, et les Espagnols sont si près de Paris, que quand je n'en sortirais pas pour l'amour de vous, je le pourrais faire pour l'amour de moi. On rompt tous les ponts d'alentour; on est prêt à toute heure de tendre ici les chaînes; et lorsque nous portons la terreur jusques sur les bords du Rhin, nous ne sommes pas bien assurés sur ceux de la Seine.

Dans le déplaisir que me donne ce désordre, je vous avoue, Monseigneur, que je reçois quelque consolation de voir qu'en un temps où nos affaires vont mal de tous côtés, elles prospèrent du vôtre; et que tandis que notre armée de Picardie se retire dans les villes, que celle que nous avons en Bourgogne languit dans les tranchées, et que nous ne faisons guères mieux en Italie, vous arrêtiez Galas [1] dans ses retranchemens, vous

[1] Galas, général de l'empereur Ferdinand II.

preniez des places à sa vue, et que vous soyez le seul conquérant et le seul victorieux. En effet, sans faire passer les choses pour autres qu'elles ne sont, les seuls progrès que nous avons faits cette année nous sont venus par votre moyen.

> *Te copias, te consilium, et tuos*
> *Præbente Divos* [1].

Je vous supplie donc très-humblement, Monseigneur, de me commander d'aller prendre part à vos prospérités, et d'aller voir votre bonne fortune au seul lieu où elle est maintenant.

[1] Horace, Ode XIV, liv. IV. *Ad Augustum.*
C'est à vous qu'on doit des troupes, des conseils et des dieux favorables.

AU MÊME.

Monseigneur,

Je ne sais pas pourquoi vous vous plaignez de moi, si ce n'est qu'à cette heure que vous avez les armes à la main, vous voulez quereller tout le monde, et que prévoyant que les Espagnols ne dureront guère devant vous, vous cherchez déjà des matières de nouveaux différens. Il est difficile d'être équitable et conquérant en même temps, et je vois bien que la justice et la vaillance sont deux vertus qui ne marchent guères ensemble. Il n'y a pas beaucoup de jours que je vous écrivis une lettre si longue que je crus que vous n'auriez pas le loisir de la lire, et je ne me sens pas coupable d'avoir laissé passer une occasion de faire mon devoir.

Quand je ne considérerais pas, Monseigneur, les infinies obligations que je vous ai, et que je ne me soucierais point de donner quelque satisfaction de moi au plus honnête homme que j'aie connu de ma vie, toujours ne laisserai-je pas de vous écrire, et je me garderais bien de donner aucun sujet de mécontentement à un homme qui est aujourd'hui le plus redoutable de France. Mais sous ombre que vous avez à cette heure une infinité d'affaires, que vous faites le métier de travailleur, de soldat et de général tout ensemble, que vous soignez à fortifier un camp et à prendre une ville, à mettre l'ordre et la justice dans une armée, et à rendre disciplinable une nation qui ne l'avait encore jamais été, il vous semble que tous les autres ont du loisir, et qu'il n'y a que vous qui travaille. Cependant je vous assure que quand je n'aurais ici autre affaire qu'à écouter ceux qui disent de vos nouvelles, et à en dire à ceux qui en demandent, je ne serais guères moins occupé que vous, et il ne me resterait que fort peu de tems à vous écrire. Ceux qui aiment le gouvernement et ceux qui le haïssent s'informent également de ce que vous faites, et il n'y a plus personne à qui vous soyez indifférent, que ceux à qui la France l'est aussi.

Comme j'écrivais ceci, Monseigneur, j'ai appris que la composition de Landrecie était faite, et que dimanche prochain vous seriez dedans. Je loue Dieu et me réjouis avec vous de ce que vous avez appris aux étrangers qu'il n'est pas impossible que nous prenions de leurs places, et de ce que vous avez rompu le charme qui nous en avait empêchés depuis tant d'années. Louvain, Valence et Dole avaient persuadé à nos ennemis que nous ne gagnerions jamais rien sur eux, et que le plus que nous pouvions faire était de reprendre ce que l'on nous avait ôté. Il semblait que les plus méchantes villes devenaient imprenables dès que nous les attaquions. Nos armées, qui faisaient assez bien dans toutes les autres rencontres, se ruinaient et perdaient courage dès que l'on les employait à un siége, et quelque grande et victorieuse que fût notre fortune, il n'y avait point de si petit fossé ni de si faible rempart qui ne l'arrêtât. Enfin, Monseigneur, vous avez changé ce mauvais destin. Vous avez montré à ceux qui vous renvoyaient à Dole qu'ils vous prenaient pour un autre. Vous avez fait ouïr votre canon pour ainsi dire jusques dans Bruxelles, et ce bruit a fait reculer le cardinal Infant jusques à Gand, au lieu de le faire avancer au secours d'une place que vous lui alliez prendre. Mais ce que je trouve en cet exploit de plus considérable, c'est l'ordre, la diligence et la certitude avec laquelle il s'est fait. Le jour que vous ouvrites vos tranchées, on peut dire que Landrecie était à nous, et quand Piccolomini et tous ces gens qui nous effrayèrent tant l'an passé, y fussent venus avec toutes les forces de l'Empire, ils n'eussent pas pu vous l'ôter des mains. Nous n'avions pas accoutumé de nous prendre de la sorte à attaquer des places, et l'on peut dire que le premier siége que vous avez fait, a été le premier siége régulier que l'on ait vu en France.

M*** m'a fort presssé d'aller avec lui;

et je m'en suis excusé sur des affaires très-importantes que je lui ai fait entendre que j'ai ici. Ces affaires très-importantes ; c'est un siége que j'ai commencé d'une place assez jolie, et fort bien située. Les choses étant avancées, il me déplairait extrêmement de lever le siége ; car, entre nous autres conquérans, cela est fâcheux.

Ce 3 juillet 1634.

A M.lle DE RAMBOUILLET.

Mademoiselle,

J'ai tant fait que je suis arrivé en un pays où l'on ne parle point de guerre, d'Espagnols ni d'Allemands, d'édits, de subsides ni d'emprunts sur le peuple, et où l'on ne s'entretient que d'amour, de ballets et de comédies. Cela vous fera imaginer qu'il faut que je sois allé bien loin. Vous croirez que je suis au-delà de Popocampesche, ou que la fortune m'a conduit en l'île invisible d'Alcidiane. Cependant le lieu où cela se trouve n'est pas tout-à-fait si éloigné de vous. C'est une ville assise sur les bords de Loire, à l'endroit où le Cher se décharge dans cette rivière. Les habitans y parlent français-tourangeau, et sont à-peu-près de la stature et du teint des hommes de France. Mais pour vous parler sérieusement, je vous assure,

Mademoiselle, que depuis la ruine des maures de Grenade, il ne s'est point fait de galanteries, ni de magnificences pareilles à celles qui se voyent ici ; et Tours, que l'on appelait le jardin de la France, se doit à cette heure nommer le Paradis de la terre. Il ne se passe point de jours qu'il n'y ait bals, musiques et festins. Toutes sortes de délices y abondent. Les citrons doux y viennent de tous côtés, et les poires de bonchrétien n'en sont point parties. Les chemins depuis Paris jusques ici, sont tous couverts de violons, de musiciens et de baladins, de toiles d'argent, de broderies et de machines qui viennent en foule se rendre en cette ville. Cette arrivée a fait de merveilleux effets. L'air s'en est rendu plus serein et plus doux ; tous les hommes sont devenus amoureux ; toutes les femmes sont devenues belles ; et madame la présidente que vous vîtes à Richelieu, est à cette heure une des plus jolies femmes de France. Mais, Mademoiselle, ce qui est bien étrange et que vous aurez peut-être peine à croire ;

c'est qu'au milieu de tant de délices, je m'ennuie tout du long du jour, et que depuis le matin jusqu'au soir, je ne sais que dire ni que faire. De tant de belles, il n'y en a une seule que je prétende. De sorte que tandis que les galans sont ici ravis de leur fortune, et font des vœux pour y demeurer éternellement, je souhaite, dans mon cœur, d'être auprès de votre feu avec Mademoiselle d'Inton, et de vous voir, au moins au travers des vîtres, avec Madame votre mère. Je ne sais pas si ce sont les deux grains qu'elle me donna en partant, qui font cet effet, ou si c'est quelque autre chose; mais je n'ai de ma vie souhaité avec tant de passion, d'avoir l'honneur de vous voir toutes deux, et il me semble qu'il n'y a point de bien au monde, qui puisse être agréable sans celui-là. Je vous supplie très-humblement, Mademoiselle, de me le souhaiter, et de croire qu'entre tous ceux qui le désirent, il n'y a personne qui soit tant que moi, Votre, etc.

A Tours, le 8 janvier 1638.

A M. LE CARDINAL DE LA VALETTE.

Monseigneur,

Êtes-vous encore fâché de ce que vous n'avez pas deviné que ceux de Verceil manquaient de poudre, ou de ce que n'en ayant pas ils n'ont pu se défendre, ou de ce qu'avec huit ou neuf mille hommes vous n'en avez pas forcé vingt mille dans de fort bons retranchemens. Sans mentir, vous ne vous servez guères utilement de votre raison, si ce déplaisir vous a duré jusqu'à cette heure. Aviez-vous donc espéré de faire l'impossible, que vous n'êtes pas satisfait d'avoir fait tout ce qui s'est pu ? Pardonnez-moi, Monseigneur, si je vous le dis, mais en vérité, il n'est pas bienséant à un homme sage d'avoir tant de regrets pour une chose où il n'a point failli, et c'est, ce me semble, en quelque sorte, ne faire pas assez de cas de son devoir, que de n'être pas content quand on le fait. Vous êtes accouru avec une poignée de gens, au secours d'une place qui était assiégée par une grande armée; vous avez trouvé la circonvallation achevée et tous les retranchemens en tel état que chacun jugeait que vous ne pourriez pas seulement envoyer un homme dans la ville pour y dire de vos nouvelles, et contre l'avis et l'espérance de tout le monde, vous y en avez fait entrer dix-huit cents. Se peut-il rien faire de plus résolu, de mieux entrepris et de si bien exécuté que cela? C'est vous qui avez travaillé jusques-là, la fortune a fait le reste; et si elle l'a mal fait, pourquoi vous en tourmentez-vous tant? Ne vous accoutumez pas, je vous en supplie, à être en communauté avec elle, et aussi bien dans les bons succès que dans ceux qui ne le seront pas, distinguez toujours ce qui est d'elle et ce qui sera de vous. Il arrivera de là que vous ne vous élèverez et que vous ne vous rabaisserez jamais trop. Si vous voulez vous répondre des événemens, et si vous ne pouvez être satisfait que lorsque tout ce qui se pourrait souhaiter vous arrive, vous faites, sans mentir, la guerre à de fâcheuses conditions, et vous voulez que la fortune fasse autant pour vous qu'elle faisait pour Alexandre, et un peu plus qu'elle n'a fait pour César. Encore êtes-vous ingrat envers la vôtre, si vous vous plaignez d'elle pour cette dernière occasion, et il y a de l'injustice à réputer comme un grand malheur d'avoir manqué à avoir une grande prospérité. Cependant, vous parlez comme si vous aviez perdu, par votre faute, dix batailles et cent villes, et il semble que vous soyez au désespoir pour avoir vu perdre une place, que dès le commencement tout le monde a jugé que l'on ne pourrait sauver.

Croyez-moi, l'on ne répare jamais rien en périssant, et pour ce qui vous regarde, vous n'avez rien à réparer. La prise de Verceil a fait tort aux affaires du Roi, mais point du tout à votre réputation. Si le secours que vous y aviez jeté n'a pas été heureux, il ne mérite pas moins de louanges pour cela, et dans toutes vos années de prospérité, vous n'avez rien fait de si beau, de si hardi, ni de si extraordinaire. Prenez donc, s'il vous plaît, des résolutions plus modérées que celles que vous témoignez d'avoir, et n'étant pas en état de faire peur à vos ennemis, n'en faites point à vos amis. Vous qui m'avez appris tout ce que je sais, vous savez bien que la prudence est une vertu générale qui se mêle avec toutes les autres, et que là où elle n'est pas, la valeur perd son nom et sa nature.

J'irai demain ou après-demain, faire vos complimens à la personne dont vous me parlez. La dernière fois que je la vis, elle me parla extrêmement de vous, et me jura que pour votre considération elle ne s'était point réjouie de la prise de Verceil, pource qu'encore que tout le monde sût qu'il n'y avait pas de votre faute, elle connaissait bien que cela vous affligerait, et qu'elle vous aimait trop pour avoir quelque joie d'une chose qui vous donnait du déplaisir. En vérité elle vous aime extrêmement ce me semble, et quelqu'autre qu'elle vous aime encore plus extrêmement.

A Paris, le 7 août 1638.

A M. L'ÉVÊQUE DE LISIEUX.

Monseigneur,

J'eusse bien voulu vous porter la lettre qui est avec celle-ci, et vous aller remercier moi-même de la faveur que vous m'avez faite de me recommander à celui qui vous l'envoie. Aussi bien n'étant pas devenu plus homme de bien à Rome, je voudrais voir si je ne profiterais pas davantage à Lisieux, et si vous ne m'apprendriez pas comme il faut que je gagne les pardons que j'ai reçus du pape. Je crois que ce voyage là me serait plus utile que celui que je viens de faire; car il est vrai, Monseigneur, que je ne vous vois jamais que je n'en sois meilleur pour quelques jours, et toutes les fois que je vous approche, je sens que mon bon ange reprend de nouvelles forces, et qu'il me conduit avec plus d'assurance.

Il y a long-tems que j'ai dans l'esprit que si Dieu veut jamais ma conversion, il ne se servira point d'autres moyens que de vos discours et de vos exemples, pour me faire cette grace ; et que s'il m'envoie une voix du ciel pour me rappeler, il me la fera entendre par votre bouche. Déjà il me semble que la volonté que j'ai de vous servir me sanctifie en quelque sorte, et que je ne saurais être tout-à-fait profane, ayant tant de respect et d'affection pour une personne si sainte. Au moins êtes-vous cause que j'ai quelque passion raisonnable, parmi tant d'autres qui ne le sont pas, et que dans le déréglement où je suis, il y a une partie de mon cœur qui est saine. Quoique j'aie accoutumé de l'employer bien mal et que j'en sois fort mauvais ménager, je pense avoir mis à couvert pour toujours ce que vous y avez, et je ne saurais plus perdre ni engager la place que je vous y ai donnée. Elle est assez grande, Monseigneur, pour sauver quelque jour tout le reste, et je ne désespère pas qu'il ne soit bientôt tout à vous. De tems en tems vous y acquérez quelque chose, et il ne s'en faut plus guères que vous n'y ayez autant de pouvoir que tout le reste du monde.

Achevez, je vous supplie, de le gagner tout entier, et réjouissez-vous de cette acquisition comme d'une conquête que vous avez faite dans un pays infidèle et duquel vous êtes destiné à chasser les idoles. J'ai quelque espérance que cela arrivera, et sachant les témoignages que vous avez rendus en ma faveur, et connaissant d'ailleurs que vous ne sauriez vous tromper, je prends pour une prophétie tout le bien que vous avez dit de moi, et je crois que je serai tel à l'avenir que vous avez assuré au cardinal Barberin [1] que j'étais dès à cette heure. Je ne puis assez

---

[1] Antoine Barberino, cardinal et neveu du pape Urbain VIII. Il se réfugia en France après l'élection d'Innocent X, ennemi des *Barberins* ; fut fait grand aumônier et archevêque de Rheims, mort en 1671.

bien vous exprimer le bon accueil qu'il m'a fait à votre recommandation, et l'affection qu'il témoigne avoir pour tout ce qui vous regarde.

L'Italie, Monseigneur, ne vous connait guères moins que la France, et sans mentir je n'ai rien vu à Rome qui m'ait tant édifié, que l'estime et la passion que l'on y a pour vous. Mais sur tous les autres, le cardinal Barberin m'a semblé être parfaitement votre ami, et avoir pour votre vertu cette affection et ce respect que vous jetez dans l'ame de tous ceux qui vous pratiquent. Il m'a commandé de vous faire entendre quelques particularités de sa part, que je réserve à vous dire lorsque j'aurai l'honneur de vous voir, et de vous pouvoir assurer moi-même que je suis plus que personne,

Monseigneur, votre, etc.

A Paris, le 13 janvier 1639.

A M.me LA DUCHESSE DE SAVOIE [1].

Madame,

Après tant de lettres de consolation qu'il y a eu sujet d'écrire à votre Altesse royale, je n'ai garde de perdre l'occasion de lui en écrire une de réjouissance. Il y a long-tems, Madame, que j'attendais ce que je vois qui va commencer à cette heure, et que j'avais jugé que le malheur de la plus parfaite et de la plus aimable princesse qui fût jamais, était un trop grand désordre dans le monde pour croire qu'il pût durer. Quelque malignité et quelque envie que la fortune semblât avoir contre elle, et quelque fatalité qui parût contre le bien de ses affaires, je

[1] Christine, sœur de Louis XIII, veuve de Victor Amédée, duc de Savoie, mort en 1637.

m'imaginais toujours que tant de bonté, de générosité, de constance et de divines qualités qu'il y a en votre Altesse royale, ne pourraient être long-tems malheureuses, et qu'enfin le ciel ne manquerait pas de faire quelque miracle pour une personne en qui il en avait tant mis.

Il y a beaucoup de raisons d'espérer, Madame, que celui de la prise de Turin sera suivi de beaucoup d'autres, et que ce grand succès qui vient d'arriver dans vos États, est une crise qui y va changer toutes choses et les remettre en l'état où naturellement elles doivent être. Mais ce qui vous doit donner plus de joie dans ce bonheur, c'est qu'il est vrai que la part que vous y avez redouble ici la joie de tout le monde, et que votre Altesse royale est si aimée que tout ce qu'il y a d'honnêtes gens à la cour se réjouissent, autant pour l'intérêt qu'elle a dans cette prospérité, que pour le bien qui en revient à la France, et pour la gloire que les armes du Roi y ont acquise. Je crois, Madame, que votre Altesse royale est persuadée que, dans cette réjouissance publique, j'en ai eu une bien particulière et que personne n'en a été touché plus sensiblement que moi, au moins si elle me fait l'honneur de se souvenir de l'extrême passion que j'ai pour tout ce qui la regarde, et de l'inclination et de l'obligation avec laquelle je suis, de votre Altesse royale,

Le très-humble, etc.

A Paris, ce 4 octobre 1640.

A M. DE CHAVIGNY [1].

Monsieur,

Voyez jusqu'où va le bruit de ma faveur et du crédit que j'ai auprès de vous : Monsieur Esprit [2], qui va à la cour avec une lettre de recommandation pour vous, de M***, a cru avoir besoin que je vous le recommandasse, et moi qui suis vain, j'ai mieux aimé me résoudre de l'entreprendre

---

[1] Claude le Bouthillier de Chavigny, surintendant des finances, mort le 21 mai 1652, à 71 ans; ou son fils Léon, comte de Chavigny, secrétaire d'état, mort le 21 octobre de la même année, âgé de 44 ans.

[2] Jacques Esprit, oratorien, membre de l'Académie française, né à Béziers en 1611, mort en 1678, âgé de 67 ans.

que de lui dire que je ne l'osais faire. C'est en vérité, Monsieur, un des plus aimables hommes du monde, qui a l'ame et l'esprit faits comme vous les aimez, fort bon, fort sage, fort savant, grand théologien et grand philosophe. Il n'est pas pourtant de ceux qui méprisent les richesses, et pource qu'il est assuré qu'il en saura bien user, il ne sera pas fâché d'obtenir une abbaye, pour laquelle madame d'Aiguillon [1] écrit pour lui à monsieur le Cardinal. Cela dépendra de son Eminence. Mais il dépendra de vous de lui faire un bon accueil, et c'est tout ce qu'il en désire. Après les choses que je vous viens de dire de lui, je pense qu'il est bien inutile d'ajouter la très-humble supplication que je vous fais ici en sa faveur, et je n'en use ainsi qu'à cause qu'il le désire et que j'ai accoutumé de faire tout ce qu'il veut. Mais, Monsieur, vous ayant parlé de ses intérêts, je crois que les règles de l'amitié

---

[1] Marie-Madeleine de Wignerod, nièce du cardinal de Richelieu, morte en 1675.

ne me défendent pas de songer aux miens, et de vous supplier très-humblement de me faire l'honneur de m'aimer toujours et de croire que je suis,

Votre, etc.

A Paris, le 5 juin 1641.

A M. LE COMTE DE GUICHE[1].

Monsieur,

Après avoir fait un grand siége et deux petits, et avoir été quinze jours en Flandres sans équipage, n'est-il pas vrai que c'est un grand rafraîchissement que d'aller assiéger Bapaume, et de recommencer tout de nouveau au mois de septembre, comme si l'on n'avait rien fait? Il me semble que les chevaliers du tems passé en avaient beaucoup meilleur marché que ceux d'à cette heure, car ils en étaient quittes pour rompre quatre ou cinq lances par semaine, et pour faire,

---

[1] Antoine III, comte de Guiche, duc de Grammont, mort maréchal de France et duc et pair en 1678, à 74 ans. Il était frère du comte de Grammont dont Hamilton a écrit les *Mémoires*.

de fois à d'autres, un combat. Le reste du tems, ils cheminaient en liberté par de belles forêts et de belles prairies, le plus souvent avec une demoiselle ou deux; et depuis le roi Perion de Gaule jusqu'au dernier de la race des Amadis, je ne me souviens pas d'en avoir vu pas un empêché à faire une circonvallation ou à ordonner une tranchée. Sans mentir, Monsieur, la fortune est une grande trompeuse ! Bien souvent en donnant aux hommes des charges et des honneurs, elle leur fait de mauvais préseus, et pour l'ordinaire elle nous vend bien chèrement les choses qu'il semble qu'elle nous donne [1]. Car enfin, sans considérer le hasard du fer et du plomb (ce qui ne vaut pas la peine d'en parler), et supposant que vous combattiez toujours sous des armes enchantées, vous ne sauriez empêcher que

---

[1] On dirait que La Fontaine s'est rappelé cette phrase de Voiture quand il a fait ces deux beaux vers de *Philémon et Baucis* :

Il lit au front de ceux qu'un vain luxe environne,
Que la fortune vend ce qu'on croit qu'elle donne.

la guerre ne vous retranche une grande partie de vos plus beaux jours. Elle vous ôte six mois de cette année, et à vous qu'elle a laissé vivre, elle vous a ôté depuis quinze ans près de la moitié de votre vie. Et cependant, Monsieur, il faut avouer que ceux qui la font avec tant de gloire que vous, y doivent trouver de grands charmes; et sans mentir ce consentement de tout un peuple, avec tous les honnêtes gens, à mettre un homme au-dessus de tous les autres, est une chose si douce qu'il n'y a point d'ame bien faite qui ne s'en laisse toucher, ni de travail que cela ne rende supportable. Pour moi, Monsieur, (car aussi bien que vous, je prétends avoir ma part des incommodités de la guerre) je vous avoue que votre réputation m'a consolé de votre absence. Je souhaite pourtant que vous veniez bientôt jouir ici de la gloire que vous avez acquise, et qu'après tant de courses que vous avez faites, vous ayez le plaisir d'aller tout cet hiver, quelque tems qu'il fasse, deux ou trois fois la semaine, de Paris à Ruel [1] et de Ruel à Paris. Alors je vous dirai à loisir, les alarmes où j'ai été pour l'amour de vous, et l'affection avec laquelle je suis,

Votre, etc.

A Paris, le 15 octobre 1641.

[1] Maison de campagne du cardinal de Richelieu.

AU MÊME,

Sur sa promotion à la charge de Maréchal de France.

Monseigneur,

Je me dédis de tout ce que je vous avais dit contre la guerre, et puisqu'elle est cause de l'honneur que vous venez de recevoir, je ne lui saurais plus vouloir de mal. Il y a long-tems que je jugeais que tant de valeur et de services, en un homme de votre condition et une personne si agréable à tout le monde, ne pouvaient n'être pas bientôt récompensés. Mais comme il y a toujours une grande différence entre les choses qui ont à être et celles qui sont en effet, je n'ai pas laissé de recevoir une extrême joie d'apprendre que l'on avait fait pour vous ce que l'on ne pouvait pas manquer de faire, et cette nouvelle m'a autant touché et m'a été aussi agréable que si je ne l'eusse pas attendue. Il est certain, Monseigneur, que la principale récompense de vos actions, est la réputation qu'elles vous ont acquise, mais ce ne vous doit pas être pourtant un médiocre contentement de vous voir monté, à l'âge où vous êtes, au dernier degré où la fortune de la guerre peut conduire les hommes. Et si vous songez au travers de combien de périls vous y êtes arrivé, quels hasards il vous a fallu passer, et combien vous avez vu tomber de braves gens qui couraient dans le même chemin que vous, vous saurez quelque gré à la fortune de vous avoir laissé vivre jusques-là, et de ne s'être pas opposé à votre vertu.

Parmi tant de sujets que j'ai de me réjouir de votre bonheur, j'ai une satisfaction particulière que vous ne sauriez avoir, et qui en vérité passe dans mon esprit toutes les autres, de connaître par les jugemens libres et non suspects de tout le monde, que votre gloire est sans envie, et de voir qu'il n'y a personne qui ne soit aussi aise de votre prospérité que s'il y avait quelque part. Cette joie publique de votre bonne fortune m'est un augure qu'elle sera suivie de toutes les autres qu'elle peut produire, et j'espère que vous ajouterez bientôt à l'honneur que le Roi vous a fait, des honneurs qu'il n'y a que vous qui vous puissiez faire, et qui à parler sainement, sont plus solides et plus véritables. Je pense que vous croirez bien que je le souhaite de bon cœur, puisque vous savez combien, par mille raisons, je suis obligé d'être avec toute sorte de respect et de passion,

Monseigneur, votre, etc.

A Paris, le 23 octobre 1641.

A M. COSTAR[1].

Monsieur,

Toute votre lettre m'a extrêmement plu; mais je n'ai pu lire sans jalousie, les contentemens que vous avez eus sur les bords de la rivière de Charente; et moi, qui en toute autre occasion me réjouis de vos avantages plus que des miens propres, et qui ne vous envie pas votre réputation, votre science, ni votre esprit, je vous porte envie d'avoir été huit jours avec monsieur de Balzac. Je sais que vous aurez bien su profiter de ce bonheur-là. Car sur tous les hommes que

[1] Pierre Costar, né en 1603, et mort en 1660, à 57 ans. Il prit avec chaleur la défense des ouvrages de Voiture, attaqués par Girac, ami de Balzac. Il était très-savant, très-généreux, et ami fort zélé.

je connais, vous êtes celui qui savez le mieux jouir d'une bonne fortune,

*Et Deorum,
Muneribus sapienter uti* [1].

Vous prendrez ce *sapienter* comme il vous plaira, en sa propre signification, ou en la métaphorique; car si on fait de beaux discours à Balzac, on y fait aussi de bons dînés, et je ne doute pas que vous n'ayez su goûter admirablement l'un et l'autre. Monsieur de Balzac n'est pas moins élégant dans ses festins que dans ses livres. Il est *Magister dicendi et cœnandi* [2]. Il a un certain art de faire bonne chère, qui n'est guères moins à estimer que sa rhétorique; sans mentir, il est un des deux hommes du monde avec qui j'aimerais le mieux passer le reste de ma vie; vous jugez bien qui est l'autre. Sans parler de son esprit qui est au-dessus de tout ce qu'on peut en dire, il n'y a pas sous le ciel

[1] Horace, ode IX, liv. 4 : Et user sagement des bienfaits des dieux.

[2] Maître en éloquence et en bonne chère.

un meilleur ami, un meilleur homme, plus sociable, plus agréable, ni plus généreux, *Vir*, (car je le dirai mieux ce me semble en latin) *facillimis, jucundissimis, suavissimis moribus ; summæ integritatis, humanitatis, fidei; liberalissimus, eruditissimus, urbanissimus, in omni genere officii ornatissimus* [1]. L'amitié que nous conservons ensemble, sans nous en rien écrire, et l'assurance que nous avons l'un de l'autre, est une chose rare et singulière, mais sur tout, de très-bon exemple dans le monde, et sur laquelle beaucoup d'honnêtes gens qui se tuent d'écrire de mauvaises lettres, devraient apprendre à se tenir en repos et à y laisser les autres.

Ce que vous dites de bâtir autour de Balzac, comme autour de Chilly, m'a semblé fort bon, et serait en vérité bien à propos. Mais nous autres beaux esprits, nous ne som-

[1] Homme de mœurs très-faciles, très-agréables et très-douces ; plein d'intégrité, d'humanité et de bonne foi ; très-généreux, très-savant, très-poli, ayant en un mot toutes les perfections.

mes. pas grands édificateurs ; au moins monsieur de Gombauld¹, monsieur de l'Étoile² et moi avons résolu de ne point bâtir que quand le tems reviendra que les pierres se mettent d'elles-mêmes les unes sur les autres, au son de la lyre. Je ne sais si c'est qu'Apollon se soit dégoûté de ce métier - là, depuis qu'il fut mal payé des murailles de Troye, mais il me semble que ses favoris ne s'y adonnent point, et que leur génie les porte à d'autres choses qu'à faire de grands bâtimens. Je vous remercie donc de votre coteau, et je serais bien fou de faire bâtir en un lieu où j'ai déjà une si belle maison toute faite.

Dites-moi, je vous supplie, qui est le rosier qui a porté les roses que vous m'avez

¹ Jean Ogier de Gombauld, l'un des premiers membres de l'Acad. française, mort en 1666, presque centenaire.

² Claude de l'Etoile, membre de l'Académie française comme le précédent, mort en 1652, âgé d'environ 58 ans. Il était un des cinq auteurs qui travaillaient aux pièces de théâtre du cardinal de Richelieu.

envoyées ? Sans mentir, ni *Pœstum*, ni l'Egypte, ni la Grèce, ni l'Italie, n'en ont jamais produit de si belles. Ce pourrait bien être vous, *Tu cinnamomum, tu rosa* [1]. Vous avez la mine de croire que cela est du Cantique des Cantiques, et c'est de Plaute. J'ai de la peine à m'imaginer que ces vers soient d'un moderne ; mais s'ils en sont, je serais bien fâché que ce fût un autre que vous ou monsieur de Balzac qui les eût faits. Qui que ce soit, il en doit être bien glorieux.

Avec vos roses, vous m'avez envoyé des épines, en me proposant les deux passages que vous me donnez à expliquer. Premièrement, pour celui de Salluste, il faut considérer que la chasse était un exercice louable parmi les Scythes, les Numides, les Grecs mêmes et particulièrement les Lacédémoniens. Mais je ne me souviens pas d'avoir guères vu de marques, que parmi les Romains ce fût l'exercice des honnêtes gens.

[1] C'est vous qui êtes le cinnamone ; c'est vous qui êtes la rose.

Pour l'agriculture, il faut distinguer les tems. Dans la vieille Rome, les hommes consulaires et ceux qui avaient été dictateurs, du maniement de la république retournaient à la charrue, et c'était le métier des Papiriens, des Manliens et des Déciens. Mais ils le quittèrent lorsqu'ils eurent goûté les délices de l'Asie et de la Grèce, et vous pouvez bien juger que des gens qui se faisaient pincer le poil des bras et des cuisses, qui se frisaient et qui se parfumaient, étaient bien éloignés de piquer des bœufs.

Il me semble que c'est dans la vie des Gracques que j'ai lu qu'une des causes qui poussa l'un d'eux à mettre en avant la loi Agraria, fut, qu'ayant voyagé par l'Italie, il n'avait trouvé par les champs que des esclaves qui labouraient les terres, au lieu qu'autrefois c'étaient des citoyens romains. Or, puisque cela était ainsi dès ce tems-là, nous pouvons juger que du tems de Salluste, il était encore plus ordinaire que les serfs fussent employés au labourage. De sorte que la chasse et l'agriculture, qui sont *quæs-*

tuosæ artes [1], il les appelle *servilia officia, quia aut à servis exercebantur, aut exerceri poterant* [2].

Pour l'autre, je pense que quand Ausone dit : *arguetur rectiùs Seneca, quàm prædicabitur, non erudiisse indolem Neronis, sed armasse sævitiam* [3], il ne veut pas dire que Senèque ait jamais incité Néron à être cruel, mais qu'au lieu de le louer d'avoir appris à son disciple assez de philosophie pour le rendre clément, on le reprendra de lui avoir appris assez de subtilité et de rhétorique pour défendre sa cruauté. De sorte qu'*armare*, en cet endroit, ne s'entend pas des armes offensives mais défensives. Et de fait, je pense que Tacite dit que quand cet honnête homme là eut tué sa mère, Senèque l'aida à écrire au sénat sur ce sujet, et à trouver des prétextes pour pallier l'horrible action qu'il avait faite. Ce

[1] Professions lucratives.
[2] Offices serviles, parce qu'ils étaient exercés ou pouvaient être exercés par des esclaves.
[3] Voiture donne lui-même le sens de ce passage.

passage m'a fait lire la harangue d'Ausone toute entière ; sans cela je ne me fusse jamais avisé d'y mettre le nez ; étant que je sache tous les bons auteurs par cœur, je ne lirais pas une ligne de ces autres-là. Mon Dieu ! quel jargon ils ont, de quelle sorte ils écrivent, et qu'un homme qui est accoutumé à Ciceron ; est étonné quand il se trouve parmi ces gens-là !

De toutes les lettres que j'ai reçues de vous, il n'y en a point qui m'ait semblé si belle, ni si agréable que la dernière. Mais l'endroit qui m'y a plu davantage, c'est celui où vous me parlez de monsieur l'abbé de Lavardin. Les honnêtetés qu'il veut bien que vous me disiez de sa part, me font croire ou qu'il est extrêmement civil, ou qu'il a assez bonne opinion de moi, et lequel que ce soit des deux, je m'en réjouis extrêmement, ou pour son intérêt ou pour le mien. Je vous supplie, Monsieur, de me faire la grace de lui dire de ma part, que je reçois l'honneur qu'il me fait avec tout le respect et toute la reconnaissance qui est due à une personne de sa condition et de son mérite, mais que je ne me contente pas de recevoir des civilités de lui, que je prétends à bien davantage, et que j'ai fait un grand dessein de gagner quelque jour l'honneur de son amitié.

Je ne fus pas plus étonné quand j'entendis les religieuses de Loudun parler latin, que je l'ai été de vous voir dire tant d'italien. En vérité vous l'alleguez comme si vous l'entendiez! Mais j'espère que je serai vengé à vous l'entendre prononcer; car, pour l'ordinaire, l'italien appris en Poitou, n'a pas l'accent extrêmement romain.

Après tout je ne prétends pas rien apprendre aux gentilshommes de Poitou. Je connais ici de si honnêtes gens de ce pays-là, que cela me donne bonne opinion de tous les autres, et je ne crois pas que ce soit mal parler que de parler comme eux.

J'oublierais bien plutôt mille maîtresses, que je n'oublierais monsieur de Chives et monsieur Girard, *par nobile fratrum* [1], et

[1] Noble couple de frères.

je vous oublierais quasi aussitôt vous-même. Si vous avez quelque commerce avec eux, je vous supplie de me faire la faveur de les assurer que je suis toujours leur très-humble serviteur, avec autant de passion que jamais, et que je les supplie de ne vous pas aimer mieux que moi, et de ne me pas faire l'infidélité que m'a faite monsieur de Balzac, en me quittant pour de nouveaux venus. Adieu, Monsieur, soyez toujours assuré, s'il vous plaît, que je n'aimerai et n'estimerai jamais rien plus que vous. Je suis de tout mon cœur,

Votre, etc.

AU PRÉSIDENT DE MAISONS.

Monsieur,

C'est un excès de votre bonté de me remercier de quelque chose, moi qui ne saurais jamais assez faire pour vous, et qui vous en devrais encore de reste, quand j'aurais cent fois hasardé ma vie pour votre très-humble service. De cette bonté, Monsieur, et de l'offre qu'il vous plaît me faire, je vous rends mille graces très-humbles, et j'ai une extrême joie de voir que dans les plus grandes et les plus petites choses, vous ne cessez de me donner des témoignages de l'amitié que vous me faites l'honneur d'avoir pour moi.

Quoique j'aie joué fort étourdiment, je ne me suis pas pourtant si fort emporté que je ne me sois réservé assez d'argent pour me tirer d'ici, et suis seulement bien fâché de vous avoir mis en main une si mauvaise assignation, et de vous avoir donné un créancier qui n'est guères meilleur qui moi. Au reste, Monsieur, je ne vous puis dire l'extrême joie que j'ai de voir la grande amitié que vous avez faite avec tout l'hôtel de Rambouillet. Mademoiselle de Rambouillet ne m'écrit jamais sans me dire quelque chose de vous, par où elle marque l'extrême cas qu'elle en fait ; et afin que vous connaissiez mieux les sentimens qu'a pour vous monsieur le marquis de Pisany, je vous envoie un morceau de la dernière lettre qu'il m'a écrite.

Pour monsieur de Chavigny, vous êtes sans mentir, obligé de l'aimer de tout votre cœur. A toutes les occasions qui s'en présentent, il parle de vous avec toute l'estime et toute l'affection imaginable. Il se vante de votre amitié à tous ses amis, et la promet à ceux qui lui sont plus chers et qu'il veut obliger le plus. Il me dit l'autre jour que vous lui aviez écrit une lettre la plus jolie et la plus obligeante du monde ; mais parce qu'il était en compagnie, il n'eut pas le tems de me la montrer.

Il partit, il y a trois jours, pour aller à l'armée, et assister à la cérémonie de l'ordre que le Roi donna hier au prince de Mourgues, et revient demain. Pour ce qui est du retour du Roi, on n'en sait rien. J'aurai en cela, Monsieur, tout le soin que je dois avoir des choses que vous me commandez. On commence à ralentir l'espérance que l'on avait d'avoir Perpignan sitôt. On dit à cette heure, vers le quinzième du mois qui vient. Monsieur de Turenne m'a dit qu'il gagerait bien deux cents pistoles que l'on l'aura dans tout le mois de juin. Toutes les fois que monsieur de Chavigny va à l'armée, il loge chez monsieur des Noyers[1]. C'est à cette heure la plus grande amitié du monde, mais vraie et sincère tout de bon. Je suis,

Monsieur, votre, etc.

A Narbonne, le 22 mai 1642.

[1] François Sublet des Noyers, secrétaire d'Etat, contrôleur des finances, retiré en 1643, mort en 1645.

AU MÊME.

Monsieur,

Madame de Marsilly s'est imaginée que j'avais quelque crédit auprès de vous, et moi qui suis vain, je ne lui ai pas voulu dire le contraire. C'est une personne qui est aimée et estimée de toute la cour, et qui dispose de tout le parlement.

Si elle a bon succès d'une affaire dont elle vous a choisie pour juge, et qu'elle croie que j'y ai contribué quelque chose, vous ne sauriez croire l'honneur que cela me fera dans le monde, et combien j'en serai plus agréable à tous les honnêtes gens. Je ne vous propose que mes intérêts pour vous gagner ; car je sais bien, Monsieur, que vous ne pouvez être touché des vôtres. Sans cela, je vous promettrais son amitié. C'est un bien par lequel les plus sévères juges se pourraient laisser corrompre, et dont un si honnête homme que vous doit être tenté. Vous le pouvez acquérir justement, car elle ne demande de vous que la justice.

Vous m'en ferez une que vous me devez, si vous me faites l'honneur de m'aimer toujours autant que vous avez fait autrefois, et si vous croyez que je suis,

Votre, etc.

A M. LE DUC D'ENGUIEN [1],

Sur le succès de la bataille de Rocroy,
M. DC. XLIII.

Monseigneur,

A cette heure que je suis loin de votre Altesse, je suis résolu de lui dire tout ce que je pense d'elle; vous en faites trop pour le pouvoir souffrir en silence, et vous seriez injuste si vous pensiez faire les actions que vous faites, sans qu'il en fût autre chose, ni que l'on prît la liberté de vous en parler. Si vous saviez de quelle sorte tout le monde est déchaîné dans Paris à discourir de vous, je suis assuré que vous en auriez honte et que vous seriez étonné de voir avec combien peu de respect et peu de crainte de

[1] Connu sous le nom de *Grand Condé*.

vous déplaire, tout le monde s'entretient de ce que vous avez fait.

A dire la vérité, Monseigneur, je ne sais à quoi vous avez pensé, et ç'a été sans mentir trop de hardiesse et une extrême violence à vous, d'avoir à votre âge choqué deux ou trois vieux capitaines, que vous deviez respecter, quand ce n'eût été que pour leur ancienneté ; fait tuer le pauvre comte de Fontaines [1], qui était un des meilleurs hommes de Flandres, et à qui le prince d'Orange n'avait jamais osé toucher ; pris seize pièces de canon qui appartenaient à un prince qui est oncle du Roi et frère de la Reine, avec qui vous n'aviez jamais eu de différend ; et mis en désordre les meilleures troupes des Espagnols, qui vous avaient laissé passer avec tant de bonté. Je ne sais pas ce qu'en dit le père Meunier, mais tout cela est contre les bonnes mœurs, et il y a, ce me semble, grande matière de con-

---

[1] Commissaire général de l'infanterie espagnole, tué pendant la bataille de Rocroy, dans la chaise où il se faisait porter à cause de sa goutte.

fession. J'avais bien ouï dire que vous étiez opiniâtre comme un diable, et qu'il ne faisait pas bon vous rien disputer; mais j'avoue que je n'eusse pas cru que vous vous fussiez emporté à ce point-là, et si vous continuez, vous vous rendrez insupportable à toute l'Europe, et l'Empereur ni le Roi d'Espagne ne pourront durer avec vous. Cependant, Monsieur, laissant la conscience à part et politiquement parlant, je me réjouis avec votre Altesse de ce que j'entends dire qu'elle a gagné la plus belle victoire et de la plus grande importance, que nous ayons vue de notre siècle.

La France que vous venez de mettre à couvert de tous les orages qu'elle craignait, s'étonne qu'à l'entrée de votre vie, vous ayez fait une action dont César eût voulu couronner toutes les siennes, et qui redonne aux Rois vos ancêtres autant de lustre que vous en avez reçu d'eux. Vous vérifiez bien, Monseigneur, ce qui a été dit autrefois, que la vertu vient aux Césars devant le tems; car vous qui êtes un vrai César en esprit, en vigilance, en courage, vous avez trompé le jugement et passé l'espérance des hommes. Vous avez fait voir que l'expérience n'est nécessaire qu'aux ames ordinaires, que la vertu des héros vient par d'autres chemins, qu'elle ne monte pas par degrés, et que les ouvrages du ciel sont en leur perfection dès leurs commencemens.

Après cela, vous pouvez vous imaginer comme vous serez bien reçu et caressé des seigneurs de la cour, et quelle joie les dames ont eue d'apprendre que celui qu'elles ont vu triompher dans les bals, fasse la même chose dans les armées, et que la plus belle tête de France soit aussi la meilleure et la plus ferme.

Il n'y a pas jusqu'à monsieur de Beaumont qui ne parle en votre faveur. Tous ceux qui étaient révoltés contre vous et qui se plaignaient que vous vous moquiez toujours, avouent que pour cette fois-ci vous ne vous êtes pas moqué; et voyant le grand nombre d'ennemis que vous avez défaits, il n'y a plus personne qui n'appréhende d'être des vôtres. Trouvez-bon, ô César ! que je vous parle avec cette liberté. Recevez les louanges qui vous sont dues et souffrez que l'on rende à César ce qui appartient à César.

A M. LE MARQUIS DE MONTAUSIER,

Prisonnier en Allemagne [1].

Monsieur,

Vous ne seriez pas fâché d'être pris, si vous saviez combien vous êtes plaint. Il y a sans mentir, moins de plaisir d'être à Paris que d'y être regretté comme vous êtes, et les plaintes que font pour vous tant d'honnêtes gens valent mieux que la plus belle liberté du monde.

Si vous ne pouvez à cette heure demeurer d'accord de cela, (car en l'état où vous êtes,

---

[1] Charles de Sainte-Maure, depuis duc de Montausier, gouverneur du grand Dauphin, et l'un des plus honnêtes hommes de la cour, mort en 1690, à 80 ans.

vous avez bien la mine de ne pouvoir entendre raison) je vous le ferai comprendre ici quelque jour , et avouer que vous ne devez pas mettre entre vos malheurs un accident qui vous a fait recevoir des témoignages de l'affection de tout ce qu'il y a d'aimables personnes en France.

Dans ce sentiment général de tout le monde , il n'est pas ce me semble à propos , Monsieur , que je vous dise à cette heure les miens. Car quelle apparence y a-t-il que vous me dussiez considérer parmi des princesses , des princes , des ministres , des dames , et parmi des demoiselles qui valent mieux que les dames, les ministres, les princes et les princesses ? Quand vous aurez songé assez long-tems à toutes ces personnes , je vous supplierai très-humblement de croire qu'il n'y a qui que ce soit au monde qui prenne plus de part à toutes vos bonnes et mauvaises fortunes que moi, ni qui soit avec plus de passion,

Votre , etc.

A M.ᵐᵉ LA MARQUISE DE VARDES [1],

Madame,

En vérité l'on est bien empêché, comme vous pouvez voir ici, et l'on ne sait par où commencer à se remettre à son devoir, quand on a failli si long-tems et contre une personne à qui on a de si étroites obligations que je vous en ai, et à laquelle on doit tant de respects, de soin et d'affection. Il y a beaucoup de mois que je travaille pour trouver une excuse à ma faute, et que je tâche à vous faire une belle lettre, dans laquelle je

[1] Femme de François-Réné du-Bec, marquis de Vardes, favori de Louis XIV et disgracié pendant vingt ans, pour une intrigue de cour bien connue. La mère de ce marquis de Vardes avait été maitresse de Henri IV.

vous prouve par vingt ou trente raisons, que je n'ai point failli ; mais je vous avoue que je n'en ai encore pu trouver pas une. Je crois même que toute l'éloquence et tous les esprits de notre académie n'en pourraient venir à bout ; et c'est tout ce que pourraient faire le vôtre et celui de monsieur le marquis ensemble. Aussi, Madame, c'est à vous deux que je m'adresse pour vous supplier de me mander franchement ce que peut dire un homme qui est en ma place. Mais si vous n'avez pas assez d'invention pour couvrir ma faute, ayez au moins assez de bonté pour me la pardonner. Vous ne sauriez l'un et l'autre mieux vérifier par aucune autre chose ce que je dis ici de vous tous les jours, qu'il n'y a point sous le ciel deux autres personnes si bonnes, si sociables, si généreuses.

Je vous supplie pourtant de croire qu'il y a fort long-tems que le repentir de mon crime me presse et que je ne cherche que les moyens d'en sortir. De sorte qu'à le bien prendre, je ne suis véritablement coupable que du premier mois, car tout le reste du tems, c'est la honte qui m'a retenu et la confusion où doit être tout homme d'honneur, d'avoir si vilainement failli. Que si tout ceci ne vous adoucit point, je sais, Madame, un autre moyen de vous satisfaire : c'est que dans trois jours je m'irai mettre entre vos mains, car enfin je ne veux pas vivre plus long-tems dans votre mauvaise grace, et il n'y a point de péril où je ne me jette pour vous montrer que je suis,

Votre, etc.

A M. LE COMTE D'ALAIS.

Monseigneur,

Si votre affliction est une affliction publique, et si elle touche généralement tout ce qu'il y a d'honnêtes gens en France, je pense que vous ne doutez pas que je ne la ressente extrêmement, moi que vos bontés ont obligé plus que personne, à prendre part à tout ce qui vous regarde. Je sais, Monseigneur, combien constamment vous la souffrirez; mais cela ne diminue en rien mon déplaisir, et ce qui m'en devrait consoler m'afflige davantage.

Plus je considère avec quelle force, quelle constance et quelle grandeur d'ame vous portez ce coup de la fortune, plus j'ai de regrets que nous ayons perdu un prince en qui vraisemblablement toutes ces qualités-là devaient revivre, et en la personne duquel j'espérais que nous reverrions un jour les vertus que je crains que nous ne trouvions plus désormais qu'en vous.

Je souhaite, Monseigneur, que nous les y puissions voir long-tems ; que la fortune qui a si cruellement coupé cette branche épargne au moins le tronc, et qu'elle respecte une tête aussi chère et aussi précieuse que la vôtre. C'est, je vous assure, autant pour la France que je fais ce souhait-là, que pour moi qui suis avec toute sorte de respect et de passion,

Monseigneur, votre, etc.

A M. D'AVAUX[1].

MONSEIGNEUR,

Quoique je ne reçoive point de vos lettres, c'est assez que je reçoive de vos bienfaits pour être obligé à vous écrire, et il me semble que le moins que je puisse faire est de vous rendre des paroles pour de l'argent. S'il était à mon choix, je connais si bien le prix des choses, que j'aimerais mieux donner de l'argent pour avoir de vos paroles; mais puisque vous voulez qu'il soit

---

[1] Claude de Mesme, comte d'Avaux, ambassadeur plénipotentiaire, ministre, sur-intendant des finances, commandeur des ordres du Roi, etc., mort le 9 novembre 1650; homme de beaucoup d'esprit et de savoir, protecteur éclairé des gens de lettres et très-habile négociateur. Il jouissait d'une grande réputation de probité.

autrement, je crois qu'il est mieux pour vous et pour moi qu'il soit ainsi.

Permittoque ipsis expendere Numinibus, quid Conveniat nobis, rebusque sit utile nostris [1].

Quand je vous aurai rendu les très-humbles graces que je vous dois, je crois, Monseigneur, qu'il me restera peu de choses à vous dire, et dans les soins et les chagrins où vous êtes, je ne crois pas qu'il y ait lieu à cette sorte de lettres que j'avais accoutumé de vous écrire; or de vous parler de votre division, il me semble qu'il n'est pas plus à propos. *Quid enim aut me ostentem qui si vitam pro tuâ dignitate profundam, nullam partem videar meritorum tuorum assecutus; aut de aliorum injuriis quèrar, quod sine summo dolore facere non possum* [2] ? Quand je saurai que

[1] Je laisse aux Dieux le soin d'examiner ce qui peut nous convenir et nous être utile.

[2] En effet, pourquoi vous parlerais-je de mon zèle, moi qui, en donnant ma vie pour vous, ne ferais pas la moitié de ce que vous méritez ? et pourquoi vous entretiendrais-je des torts que les

vous aurez plus de gaîté, que vous m'aurez mandé que l'orage est passé, que le temps est plus serein, alors je retournerai à cette façon d'écrire que Cicéron appelle *genus litterarum jocosum* [1]. Cependant, je vous dirai une chose qui ne doit pas être de médiocre consolation pour vous, c'est que dans les différens que vous avez eus avec ***, hors quelques personnes qui ont attachement à lui, le reste du monde est de votre parti, et que cette étoile de bienveillance qui vous a toujours fait aimer par-tout, vous donne encore en cette rencontre toute la cour et toute la ville.

J'espère que, par la présence de monsieur de Longueville [2], toutes choses changeront en mieux à Munster. Au moins la scène

autres ont envers vous, lorsque je ne puis le faire sans vous causer beaucoup de chagrin?

[1] Correspondance badine.

[2] Henri d'Orléans, duc de Longueville, issu du brave Dunois, mort en 1663. Il avait joué un grand rôle dans la fronde, et partagé la prison des princes de Condé et de Conti.

va changer, et il y va monter de nouveaux personnages, et assez beaux.

Alter ab integro Seclorum nascitur ordo ;
Jam renit et Virgo [1].

N'était que vous m'avez assuré que je n'entends rien en astrologie, et que je ne connais point les astres, je vous ferais des prédictions ; car je vois une étoile chevelue qui promet beaucoup de choses, et qui doit causer de grands événemens. Au moins, Monseigneur, vous ne vous plaindrez plus de la Vestphalie comme d'un pays barbare, et où les Grâces et les Muses ne peuvent aller. N'est-ce pas à cette heure qu'il faut dire :

Quoquò vestigia figis,
Componit furtim, subsequiturque Venus [2] ?

Mais comment vous accommodez-vous du père de Chavaroche ? N'est-ce pas un vrai

---

[1] Virgile, Eglogue IV : Un nouvel ordre de siècles recommence ; Astrée revient sur la terre.

[2] Par-tout où vous allez, Vénus suit en secret vos pas et s'attache à vos traces.

bon homme et bon religieux, de bonnes mœurs, de bon esprit et de bon sens ? Il écrit ici des merveilles de vous avec des passions étranges, et le curé de St. Nicolas ne vous aime pas plus qu'il fait. Cependant je loue Dieu que parmi tant de sujets de déplaisirs, votre santé ne vous ait pas abandonné, ni même, à ce que j'entends dire, tout-à-fait votre bonne humeur; Je souhaite de tout mon cœur que l'une et l'autre augmentent tous les jours, et que je puisse vous témoigner combien je suis,

Monseigneur, votre, etc.

A Paris, le 1.er Avril 1645.

A M. LE MARÉCHAL DE GRAMMONT.

Monseigneur,

Dans l'affliction de la mort de monsieur le marquis de Pisany, qui est la plus grande que j'aie eue de ma vie, je ne laissai pas de sentir celle de votre prison, et depuis en un tems où je ne me croyais pas capable de joie, j'en ai reçu de la nouvelle de votre liberté. Encore dans les déplaisirs où je suis, est-ce quelque consolation pour moi de voir que toutes mes passions ne soient pas infortunées, et que la fortune ne m'ôte pas généralement toutes les personnes qui me sont les plus chères. Je ne connaîtrais pas, Monseigneur, une des meilleures qualités qui soient en vous, et combien sur tous les hommes du monde vous êtes capable de la vraie et parfaite amitié, si je croyais que ce malheur-là ne vous eût pas touché autant que moi. Et quoique vous deviez être endurci, il y a long-tems, à cette sorte d'accidens, et accoutumé à perdre les amis que vous estimez le plus, je suis assuré que la perte de celui-ci vous a été extraordinairement sensible, et que vous jugez bien que vous n'en avez jamais fait que vous dussiez regretter davantage.

Pour moi, qui connaissais les plus secrets sentimens de son cœur, et qui sais qu'il n'a jamais au monde rien tant aimé ni tant estimé que vous, je manquerais à ce que je dois à sa mémoire, et à l'intention que j'ai de suivre toujours toutes les volontés qu'il a eues, si en sa considération je ne m'efforçais de me donner à vous encore plus que jamais, et d'ajouter quelque chose à l'affection dont je vous ai honoré toute ma vie. Je ne crois pas, Monseigneur, que ce soit une chose possible; mais il est de mon devoir de faire tout ce que je pourrai pour cela, et de vous protester que si la passion que j'ai pour vous ne peut augmenter, au moins elle ne diminuera jamais, et que je serai toujours également,

Monseigneur, votre, etc.

A M. LE DUC D'ENGUIEN.

Monseigneur,

Lorsque je croyais avoir la plus grande affliction du monde, toute celle dont un esprit est capable, l'appréhension que j'ai eue pour votre Altesse m'a fait voir que je pouvais être plus malheureux que je ne le suis, et que quoique j'eusse extrêmement perdu, il me restait encore infiniment à perdre. Je ne vous puis dire, Monseigneur, quel trouble ce fut en mon ame, de penser le hasard où vous étiez, ni quel désordre et quelles ténèbres je m'imaginais qui étaient prêtes d'arriver dans le monde. J'avais bien toujours quelque espérance que le ciel, qui donne beaucoup de signes de vouloir la prospérité de cet Etat, ne vous ôterait pas sitôt à la France, et qu'il conserverait une personne par qui il semble avoir destiné de faire encore beaucoup de miracles.

Mais, Monseigneur, cette malignité du destin, qui en veut aux hommes qui s'élèvent au-dessus de leur nature, et la nécessité des choses humaines de tomber quand elles sont en leur plus haut point, me donnèrent beaucoup de sujet de crainte. Les courtes et précipitées prospérités de Gaston de Foix [1], la mort du duc de Weimar [2] au milieu de ses triomphes, et celle du roi de Suède, qui fut tué comme entre les bras de la gloire et de la fortune, me revenaient à toute heure dans l'esprit et ne présentaient à mon imagination que de funestes présages.

Enfin Dieu s'est contenté de menacer les

---

[1] Gaston-de-Foix, mort le 11 Avril 1512, à la célèbre bataille de Ravennes, qu'il gagna âgé de 24 ans.

[2] Bernard de Weimar, duc de Saxe, élève de Gustave Adolphe, mort en Alsace, le 18 juillet 1639, au milieu de ses succès.

hommes et il ne semble leur avoir donné cette allarme, que pour leur faire mieux considérer quel présent il leur a fait en vous. La plus belle de vos victoires ne vous a pas donné tant de joie que vous en auriez de savoir l'étonnement où ont été ici tous les esprits, à la nouvelle du péril où vous étiez, et avec combien de larmes et de quels yeux vous avez été pleuré. Je serai bien aise, Monseigneur, que vous le sachiez, afin que si vous ne pouvez rien appréhender pour vous, vous appreniez au moins à craindre pour la considération des personnes qui vous aiment, et que vous deveniez meilleur ménager d'une vie qui est la vie de tant d'autres.

Parmi tant de vœux qui ont été faits pour elle, je vous supplie très-humblement de croire qu'il n'y en a point eu de plus ardens que les miens, et que de tant d'hommes qui révèrent votre Altesse, il n'y en a point qui soit plus que moi,

Monseigneur, votre, etc.

A M. LE DUC DE LA TRIMOUILLE [1].

Monseigneur,

Vous ne vous contentez pas de me faire toujours de nouveaux bienfaits, c'est toujours avec de nouvelles graces, et vous les accompagnez de circonstances si obligeantes, qu'il faut avouer qu'il n'y a que vous au monde qui le sache faire de la sorte. Je vous rends, Monseigneur, mille très-humbles remercimens de toutes les bontés qu'il vous plaît avoir pour moi. Je voudrais bien avec la démission de mon neveu que je vous envoie, vous pouvoir envoyer un acte public de ma reconnaissance, par lequel je pusse

[1] Henri-Charles de la Trimouille, prince de Tarente, fait général de la cavalerie des Etats de Hollande, mort à Thouars en 1672, âgé de 54 ans.

témoigner à tout le monde et la grace que vous m'avez faite et le ressentiment avec lequel je l'ai reçue ; mais cela ne se pouvant pas, je vous supplie, Monseigneur, de vous contenter de l'assurance que je vous donne ici, que je serai toute ma vie à vous, avec toute la fidélité que je dois, et que rien ne sera jamais si avant dans mon cœur ni dans mon esprit que la mémoire de vos bienfaits. Quoique je sache, au reste, que le jugement que vous faites des vers que je vous ai envoyés est trop favorable pour moi, je vous avoue que je ne puis m'empêcher d'en avoir beaucoup de vanité. Ce que vous me faites l'honneur de m'en mander, et ce qu'il vous a plu écrire de moi à Madame votre femme, me touche plus sensiblement que je ne le saurais expliquer. A dire la vérité, il n'y a rien de plus obligeant. Je suis si peu intéressé, que je préfére l'honneur de votre approbation à tout le bien que vous m'avez fait et à tout celui que vous me sauriez jamais faire. Cependant vous me permettrez de vous dire, Monseigneur, que les louanges que vous me donnez sont telles et écrites en tels termes ; que j'aimerais mieux savoir louer ainsi que d'être loué de la sorte, et que je serais plus glorieux de les avoir donnćes que de les avoir reçues. Je tâcherai à m'en rendre digne le plus qu'il me sera possible, et si je ne le puis d'autre sorte, je m'efforcerai au moins de mériter l'honneur de votre bienveillance, par la fidélité parfaite et le respect extrême, avec lequel je serai toute ma vie,

Monseigneur, votre, etc.

AU MÊME.

Monseigneur,

Votre Altesse n'a rien fait en toute cette campagne de si hardi que ce que je fais à cette heure ; car sachant à quel point vous êtes délicat et combien il y a peu de lettres qui vous plaisent, j'entreprends de vous en faire une, sans avoir rien de bon ni de plaisant à vous dire. Que je meure, si je n'aimerais mieux être obligé à me tenir auprès de vous, à repousser une sortie des ennemis.

Cette action pourtant, Monseigneur, où il paraît tant de hardiesse, ce n'est pas la peur qui me l'a fait faire. J'ai tâché, tant que j'ai pu, à m'en exempter, et plutôt que de vous écrire une lettre ordinaire, j'avais résolu de ne vous écrire point du tout, ce qui eût été sans doute le plus court et le meilleur. Mais madame de Montausier, que j'ai consultée là-dessus, m'a intimidé et m'a dit que je ne m'y jouasse point, que vous n'étiez pas un homme à qui il fallait manquer, et que quelque mine que vous en fissiez, vous m'en voudriez mal dans votre cœur.

Or, Monseigneur, d'être mal dans ce cœur dont toute la terre parle, je vous avoue que je n'ai osé m'y hasarder. Cette crainte a surmonté l'autre qui me retenait, et j'aime mieux vous laisser voir que j'ai moins d'esprit que vous n'avez pensé, que de vous donner lieu de douter que je manque de zèle et de respect pour vous. Et certes, il serait bien étrange que moi, qui ai toujours aimé Achille et Alexandre, que je n'ai jamais vus ni connus, et pour les choses seulement que j'en ai lues, je manquasse de passion pour votre Altesse de qui nous voyons tous les jours tant de merveilles et dont j'ai reçu tant d'honneur et tant de graces. Je vous assure, Monseigneur, que les sentimens que j'ai pour elle sont au point où ils doivent être, et que je ne puis exprimer, etc.

AU DUC DE LA TRIMOUILLE.

Monseigneur,

Je n'ai pas peur que vous vous lassiez jamais de me bien faire; mais j'ai peur que vous vous lassiez de mes remercimens. J'en ai tant eu à vous faire depuis quelque tems, qu'à moins que d'user de redites, je ne vois pas qu'il me reste plus rien à dire sur un sujet où vos bontés m'ont déjà obligé de m'épuiser.

Je me contenterai donc de vous supplier très-humblement, de vous souvenir des graces que vous m'avez faites, de la facilité avec laquelle je les ai obtenues, des lettres obligeantes dont il vous a plu les accompagner, et de la civilité avec laquelle, en me faisant du bien, vous n'avez pas voulu perdre l'occasion de me faire encore tout l'honneur que je pouvais recevoir.

Vous ressouvenant, Monseigneur, de toutes ces choses, imaginez-vous, s'il vous plaît, ma reconnaissance là-dessus, et jugez si joignant tant d'obligations à la passion extrême que j'ai toujours eue de vous honorer, je puis jamais manquer d'être avec toute sorte de fidélité et de respect,

Monseigneur, votre, etc.

AU DUC D'ENGUIEN,

Sur la prise de Dunkerque.

Monseigneur,

Je n'ai garde de m'étonner que vous ayez pris Dunkerque, rien ne vous est impossible ; je suis seulement en peine de ce que je dirai à votre Altesse là-dessus, et par quels termes extraordinaires je lui pourrai faire entendre ce que je conçois d'elle. Sans doute, Monseigneur, dans l'état glorieux où vous êtes, c'est une chose très-avantageuse que d'avoir l'honneur d'être aimé de vous ; mais à nous autres beaux esprits qui sommes obligés de vous écrire sur les bons succès qui vous arrivent, c'en est une aussi bien embarrassante que d'avoir à trouver des paroles qui répondent à vos actions, et de tems en tems de nouvelles louanges à vous donner.

S'il vous plaisait vous laisser battre quelquefois ou lever seulement le siége de devant quelque place, nous pourrions nous sauver par la diversité, et nous trouverions quelque chose de beau à vous dire sur l'inconstance de la fortune, et sur l'honneur qu'il y a à souffrir courageusement ses disgraces. Mais dès vos premiers exploits, vous ayant mis avec raison de pair avec Alexandre, et voyant que de jour en jour vous vous élevez davantage, en vérité, Monseigneur, nous ne saurions où vous mettre ni nous aussi, et nous ne trouvons plus rien à dire qui ne soit au-dessous de vous. L'éloquence, qui des plus petites choses en sait faire de grandes, ne peut avec tous ses enchantemens égaler la hauteur de celles que vous faites. Et ce que dans d'autres sujets, elle appelle hyperboles, n'est qu'une façon de parler bien froide pour exprimer ce que l'on pense de vous. Et certes, cela est incompréhensible, que votre Altesse trouve moyen tous les étés, d'accroître de quelque chose cette gloire à laquelle tous les hivers précédens il semblait qu'il n'y eût rien à ajouter, et qu'ayant débuté par de si grands commencemens et ensuite de plus grands progrès, les dernières choses que vous faites se trouvent toujours les plus glorieuses.

Pour moi, Monseigneur, je me réjouis de vos prospérités comme je dois, mais je prévois que ce qui augmente votre réputation présente, nuira à celle que vous devez attendre des autres siècles, et que dans un si petit espace de tems, tant de grandes et importantes actions les unes sur les autres rendront à l'avenir votre vie incroyable et feront que votre histoire passera pour un roman à la postérité. Mettez donc, s'il vous plaît, Monseigneur, quelques bornes à vos victoires, quand ce ne serait que pour vous accommoder à la capacité de l'esprit des hommes, et pour ne pas passer plus avant que leur créance ne peut aller. Tenez-vous, au moins, pour quelque tems en repos et en sûreté, et permettez que la France, qui dans les triomphes est toujours en allarme pour votre vie, puisse jouir quelques mois tranquillement de la gloire que vous lui avez acquise. Cependant, je vous supplie très-humblement de croire que, parmi tant de millions d'hommes qui vous admirent et qui vous bénissent, il n'y en a point qui le fasse avec tant de joie, de zèle et de vénération que moi, qui suis de votre Altesse,

Monseigneur, le très, etc.

A M. COSTAR.

Monsieur,

Vous serez bien étonné que je vous sollicite de m'aider dans une affaire que j'ai delà les monts, et que j'implore votre secours contre les Romains. Ce n'est pas la première fois, comme vous savez, qu'ils ont troublé le repos de ceux qui ne leur demandaient rien ; mais il me semble qu'ils n'ont jamais été si injustes avec personne qu'ils le sont avec moi, et ils n'ont pas donné plus de peine à Annibal, qu'ils m'en vont donner si vous ne me secourez. *Quorsum hæc*[1] ? Je m'en vais vous le dire.

Il y a parmi eux une académie de certaines gens qui s'appellent *les Humoristes*, qui est

[1] A quoi cela tend-il ?

à-peu-près comme qui dirait bizarres ; et en effet, ils le sont tant qu'il leur a pris fantaisie de me recevoir dans leur corps et de m'en faire donner avis, par une lettre que m'a écrite un de leur compagnie. Il faut que je leur en fasse une autre en latin pour les remercier, et voilà ce qui me met tant en peine. J'en suis sorti pourtant dès le moment que vous m'êtes venu dans l'esprit, car il me semble que voilà votre vrai fait, et un homme qui est en Poitou et qui écrit des lettres latines de gaîté de cœur, ne me saurait pas refuser cela. Ils ont pour devise un soleil qui tire des vapeurs de la mer qui retombent en pluie, avec ces mots de Lucrèce, *fluit agmine dulci*[1]. Voyez, je vous supplie, si vous trouverez quelque chose à leur dire sur cela, et sur l'honneur qu'ils m'ont fait, et sur le peu que je le mérite ; enfin faites du mieux que vous pourrez. En tout cas, monsieur Pauquet ne nous saurait manquer, qui en sait plus que vous et que

[1] Elle coule, ou plutôt elle tombe doucement vers la terre.

moi. Je m'en remets entièrement à vous deux, car je ne suis point du tout capable de cela, et vous le ferez s'il vous plaît.

Me dulces dominæ Musa Lycimniæ
Cantus, me voluit dicere lucidum
Fulgentes oculos, et bene mutuis
    Fidum pectus amoribus [1].

Elle s'en est allée depuis huit jours la pauvre Lycimnia. Je l'aime, sans mentir, plus que moi-même, et je ne l'aime pas plus que vous. Je suis,
              Monsieur, votre, etc.

A Paris, le 14 aout.

[1] Horace, Ode XII, liv. II : Ma Muse veut que je chante la voix mélodieuse de Lycimnia, le doux éclat de ses yeux, et son cœur plein d'un amour fidèle que je paye d'un bien tendre retour.

A M. D'AVAUX.

MONSEIGNEUR,

C'est bien en vous que le proverbe est vrai, *qui répond paye*; et je m'étonne seulement qu'une personne en qui il paraît tant de richesses et qui se peut acquitter si aisément, ait tant de peine à s'y résoudre. Nous autres favoris d'Apollon, sommes étonnés qu'un homme qui a passé sa vie à faire des traités, fasse de si belles lettres, et voudrions bien que vous autres gens d'affaires ne vous mêlassiez pas de notre métier.

Vous devriez, ce me semble, vous contenter de l'honneur d'avoir achevé tant de grandes négociations, et de celui qui vous va venir encore de désarmer tous les peuples de l'Europe, sans nous envier cette gloire telle qu'elle vient de l'agencement des paroles et de l'invention de quelques pensées agréables. Il n'est pas honnête à un personnage aussi grave et aussi important que vous l'êtes, d'être plus éloquent que nous, ni que tandis que l'on vous emploie à accorder les Suédois et les Impériaux, et à balancer les intérêts de toute la terre, vous songiez à accommoder des consonnes qui se choquent et à mesurer des périodes. Que ne vous contentez-vous, de par Dieu, de faire de belles et bonnes dépêches, comme celles du cardinal d'Ossat [1], ou si vous avez quelque ambition plus grande, comme celle du cardinal du Perron [2], sans vous aviser de ces autres-ci qui nous font enrager.

[1] Arnaud d'Ossat, né en 1536, de parens très-pauvres, mort à Rome, le 13 mars 1604, âgé de 68 ans, avec la réputation d'un grand politique et d'un très-honnête homme.

[2] Jacques Davy du Perron, né le 25 novembre 1556, mort le 5 septembre 1618, à 63 ans; littérateur, théologien, négociateur. Ces lettres, plus estimées d'abord que celles du cardinal d'Ossat, le sont beaucoup moins aujourd'hui.

Cet édifice à quoi vous travaillez à cette heure, ce grand temple de la paix dans lequel toutes les nations de la Chrétienté doivent entrer, est bien plus digne de vos soins. Je me réjouis, Monseigneur, des nouvelles qui en viennent et de ce qu'il ne sera pas de celui-là comme de cet autre. *Magnificentiæ vera admiratio extat templum Ephesiæ Dianæ, ducentis et vigenti annis à totâ Asiâ factum* [1]. Les ouvrages vont bien plus vite entre vos mains; aussi êtes-vous bien un autre ouvrier. J'ai une grande impatience de voir ici de retour madame de Longueville [2], après la conclusion d'une bonne paix. Ce que vous me dites de cette princesse, est

---

[1] Le temple de Diane à Ephèse, à la construction duquel toute l'Asie travailla pendant 200 ans, est un prodige admirable de magnificence.

[2] Anne-Geneviève de Bourbon, née à Vincennes, en 1618, morte le 15 avril 1679, à 61 ans. Après avoir partagé sa jeunesse entre l'intrigue et l'amour, elle donna dans une extrême dévotion. Elle avait été la maîtresse du duc de Larochefoucauld, l'auteur des *Maximes*.

en son genre aussi beau qu'elle, et je le garde pour lui montrer quelque jour.

Madame de Sablé [1] et madame de Montausier sont ravies de quelques morceaux que je leur ai montrés de votre lettre, et voulaient que je leur donnasse copie de l'endroit où vous parlez de madame de Longueville. Dites le vrai, Monseigneur, croyez-vous que l'on puisse trouver, je ne dis pas dans une seule personne, mais dans tout ce qu'il y a de beau et d'aimable répandu par le monde, croyez-vous, dis-je, que l'on puisse trouver tant d'esprit, de grâces et de charmes qu'il y en a en cette princesse ?

Num tu, quæ tenuit dives Achemenes,
Pinguis aut Phrygiæ Mygdonias opes,
Permutare velis crine Lycimniæ [2] *?*

Cependant soyez sur vos gardes ; elle écrit

---

[1] A fait des *Pensées chrétiennes* qui sont jointes aux Pensées de Larochefoucauld, dans quelques éditions.

[2] Horace, Ode XII, liv. II : Car vous donneriez pour un cheveu de Lycimnia, tous les trésors d'Achemenès et toutes les richesses de la fertile Phrygie.

ici des merveilles de vous et de l'amitié qui est entre vous deux. Le commerce est dangereux avec elle,

*Incedis per ignes
Suppositos cineri doloso* [1].

Je vous assure, au reste, qu'elle est aussi bonne qu'elle est belle, et qu'il n'y a point d'ame au monde plus haute ni mieux faite que la sienne.

Monseigneur, votre, etc.

[1] Horace, Ode I, liv. II : Vous marchez sur des feux couverts d'une cendre trompeuse.

AU MÊME.

Monseigneur,

Il faut avouer, Monseigneur, que vous avez en moi une étrange espèce de commis. Il n'entend pas un mot de finances, il ne va jamais à la Direction, et à peine même s'avise-t-il en six mois une fois, d'écrire à son maître ; mais en récompense il joue beau jeu, il fait des vers, il écrit de belles lettres et fait quelquefois des combats aux flambeaux à minuit. Je me hâte de m'accuser moi-même pour arrêter vos réprimandes, car il me semble que je vous vois avec votre visage de plénipotentiaire me reprocher encore mes Olympiades et dire,

Sperabam jam deseruisse adolescentiam ;
Gaudebam : ecce autem de integro [1].

[1] Je me flattais que sa jeunesse était passée ; je m'en réjouissais ; voilà qu'elle recommence de plus belle.

Mais je crois qu'il n'y a pas de honte à moi, de n'être pas plus sage dans mes vieux jours, que d'autres ne le sont dans leur jeunesse. Je vous avoue pourtant que je n'ai pas laissé d'en être un peu honteux, et cela m'a arrêté long-tems de vous écrire, outre que dans le chagrin où je m'imagine que vous êtes de voir que votre ouvrage ne s'avance point, j'ai cru que des lettres aussi peu sérieuses que les miennes ne seraient pas de saison.

Moi qui connais, Monseigneur, combien vous aimez votre pays, je ne doute pas que vous ne soyez affligé de voir les difficultés qui naissent de jour en jour, et qui s'opposent au succès de la négociation qui est entre vos mains. Ce que je vous puis dire là-dessus, c'est que vous n'en devez être touché que pour l'intérêt public, et que le vôtre particulier est entièrement à couvert. On est si bien persuadé de vos bonnes intentions, que toutes les fois que l'on se plaint ici du retardement de la paix, et de ceux que l'on s'imagine (à tort peut-être) qui n'y font pas tout ce qu'ils pourraient, cela donne occasion de parler de vous, et en fait dire tout ce que vous seriez bien aise d'entendre.

C'est une chose merveilleuse que cette étoile qui vous a donné de tout tems l'amour des peuples; il n'y a ici pas un bourgeois qui ne vous nomme, qui ne vous connaisse, qui ne vous loue. La France a mis en vous seul ce peu d'espérance qui lui reste. Voyant bien que la paix ne se peut plus faire que par miracle, on croit que c'est vous qui ferez ce miracle-là, et dans la consternation publique vous êtes le reconfort de tout le monde.

Au reste, tout est ici tellement changé, les cœurs y sont si abattus, les plaisirs si resserrés, que je ne vois plus guères de choix entre le séjour de Munster et celui de Paris. On n'y voit plus que des gens qui se plaignent, les uns que l'on leur ote leurs gages, les autres que l'on retranche leurs pensions; et il s'y trouve même des commis de surintendans qui disent qu'ils ne sont guères mieux traités que les autres.

Monseigneur, votre, etc.

LETTRES
CHOISIES
DE BALZAC.

A M. DE BOURDIGAL CANDÉ.

Monsieur,

Une fluxion, qui durant six semaines a fait de ma tête une fontaine; une colique qui est venue ensuite me déchirer les entrailles; mille fâcheuses occupations qui m'ont accablé en même-tems, sont-ce à votre avis, d'assez justes excuses de mon silence?

A moins que cela, je n'avais garde de manquer à vous écrire, et si j'eusse été capable de société, vous auriez su, dès le mois d'octobre, non-seulement que j'ai admiré l'éloquence de vos lettres, mais que j'ai fait part de mon admiration à tous les beaux esprits qui sont à dix lieues de moi.

Je ne vous en puis dire davantage, et vous trouverez bon, s'il vous plaît, Monsieur, que je ne vous envoie point mes commentaires sur les relations de votre ami. Je suis en une maison où la politique ne se mêle que des affaires de Camille, de Fabrice et de Scipion ; par ordre du maître du logis, elle est enfermée dans les décades de Tite-Live ; le voisinage même de l'histoire Auguste lui est défendu ; il ne lui est pas permis d'aller jusqu'aux querelles de Sylla et de Marius, de Pompée et de César ; on ne veut pas qu'elle touche seulement des yeux au triumvirat, tant on a peur qu'elle descende plus bas, et qu'il lui prenne envie de comparer les siècles et les pays.

C'est être bien retenu, et bien d'un autre monde, je le vous avoue ; mais vous m'avouerez aussi que votre ami est bien curieux des grands secrets, et bien malade d'intrigues et de nouvelles. Quelle raison voudrait-il que je lui fisse de ce qui se passe au-dessus de moi, de l'agitation et des orages des choses humaines ? Je regarde l'air brouillé et la mer émue, sans murmurer contre Junon, ni dire des injures à Thétis ; je suis témoin et non pas juge de la vie des princes ; et quand je n'approuverais pas la conduite qu'on désapprouve au lieu où vous êtes, je me tiendrais ferme à ce vieux oracle, *Bona tempora voto expetere, qualiacumque tolerare* [1], et cet autre plus nouveau, mais non pas moins véritable, quoiqu'il ait été rendu en latin de cuisine, par Apollon, *Bene loqui de Superiore, facere officium suum taliter qualiter, et sinere ire res quomodò vadunt* [2]. Si j'avais des heures libres de douleur, je vous entretiendrais plus long-

---

[1] Espérer des tems meilleurs, et supporter le tems présent quel qu'il soit.

[2] Bien parler de ceux qui sont au-dessus de nous, faire son devoir, et laisser les choses aller comme elles vont.

tems, mais je n'ai que des momens de relâche, et il faut que je me serve de cettui-ci, pour vous assurer que je suis toujours très-véritablement,

Monsieur, votre, etc.

Le 30 octobre 1617.

A M. LE PRÉSIDENT MAYNARD [1].

Monsieur,

Ménélas se contenta de la déclaration de la Grèce en sa faveur; notre ami de Quercy en demande davantage. Il pense que toute la terre se doive intéresser dans les procès qu'il fait à sa femme. Il est certes bien trompé, et ne connaît pas le genre humain. Les hommes se moquent des infortunes de cette nature, en la personne de Socrate et de Caton, je dis les hommes qui d'ailleurs ne laissent pas d'aimer Socrate et Caton. Ce sont des farces, si ce ne sont des tragédies; on en rit, si le crime n'est ajouté à la débauche, et s'il n'y a du poison mêlé avec

[1] François Maynard, de l'Académie française, mort à Toulouse, en 1646; auteur de quelques épigrammes estimées.

l'amour. En ce cas-là, véritablement, l'affaire est mise hors des termes de la raillerie ; le plaisir de rire se change en détestation et en horreur, et ces deux choses, comme l'a remarqué Aristote, ne donnent point de lieu aux bons mots. Hors de là, le public ne prend pas si à cœur les injures des particuliers. La moitié du monde sert de passe-tems à l'autre.

Quand sur le théâtre, les femmes trompent leurs maris, y a-t-il de spectateur si sévère qui n'y applaudisse, et n'apporte son consentement à ce qui se passe ? Tout le peuple favorise la criminelle ; Il n'y a personne qui ne la veuille sauver, dans le péril où elle se jette. Les Pères Conscripts mêmes et les Matrones Romaines, ne sont pas du côté de celui à qui on fait tort. Bien davantage ; je vous veux mener chez le bonhomme Quintilien, où vous trouverez au chapitre *de risu*, un de ces sages Romains, assis sur le tribunal. Demandez-lui ce qui lui semble d'un homme qui a été surpris avec la femme de son voisin ; il ne vous répondra autre chose, si ce n'est qu'il lui semble que cet homme n'a pas été assez diligent ? Vous voyez par-là que les maux de notre ami de Quercy, sont de ceux qui ne font point de pitié. Ce sont des maux qui ne sont plaints de personne, non plus que la migraine et le mal de dents. Qu'il cache donc ce qu'il ne peut découvrir qu'à un monde moqueur ou impitoyable, et quelque bonne que soit sa cause, empêchez-le de gagner une victoire dont la couronne le déshonorera. Je lui souhaite la patience de Marc-Aurèle, puisqu'il n'a pas la bonne fortune de Brutus. Vous connaissez Porcie [1] et Faustine, [2] et savez que la philosophie est un remède dont toutes sortes de malades se trouvent bien.

Je suis, Monsieur, votre, etc.

Le 10 septembre 1630.

[1] Porcie, femme de Brutus; elle eut le courage de se tuer en avalant des charbons ardens, pour ne lui point survivre.

[2] Faustine, femme de Marc-Aurèle, fameuse dans l'histoire, par ses débauches.

A M. LE DUC DE ****.

*Pour M. le colonel de ****.*

Monseigneur,

La lettre que votre Altesse m'a fait l'honneur de m'écrire a calmé le trouble de mon esprit ; je vois bien, Monseigneur, qu'on m'avait donné l'allarme, et qu'on voulait exercer mon inquiétude. Mais la mauvaise opinion que j'ai du monde fait que je n'ai jamais beaucoup de peine à croire une mauvaise nouvelle. Sachant qu'il n'y a point de saint dans le ciel qui n'ait été calomnié sur la terre, je ne pensais pas que le destin de la simple et commune innocence dût être meilleur que celui de la haute et souveraine vertu. Ce monde corrompu ne l'est pas pourtant si universellement, qu'il n'ait encore quelques parties saines ; il se trouve quelque lieu de franchise contre la persécution des méchans, et auprès de vous, Monseigneur, les gens de bien sont en sureté. Comme toutes vos inclinations vont à la grandeur, il n'y en a pas une qui penche à la tyrannie, et pour ne se pas conserver dans l'esprit de votre Altesse, il faut avoir dessein de s'y perdre.

Dieu me garde, Monseigneur, d'une si dangereuse pensée ; puisque la calomnie ne peut rien en votre cour, je n'appréhende rien en ce pays-là, et ma conscience me rend témoignage de la passion avec laquelle j'ai toujours été et désire toujours être,

Monseigneur, votre, etc.

Le 15 aout 1632.

A M. GIRARD [1].

Monsieur,

Ne pensez pas que la promotion de monsieur le président Séguier [2] soit une fête particulière de Cadillac, elle sera publique et universelle dans quatre jours. Le Roi a fait ce bien à tout son royaume, et ce n'est pas tant de la pureté de l'air et de la fécondité de la terre que l'année doit être estimée bonne, que de l'élection des bons magistrats. Je me réjouis donc de cette nouvelle, en qualité de sujet du Roi, et c'est la première part que j'y prends ; mais outre cela, j'ai un second droit d'en être bien

---

[1] Guillaume Girard, Archidiacre d'Angoulême ; il a laissé des *Mémoires pour la vie du duc d'Epernon*.

[2] A la place de chancelier et garde des sceaux.

aise ; je m'intéresse dans l'élévation d'une modestie qui m'est connue, et pense être heureux de la prospérité d'un homme de la probité duquel je suis assuré.

Je sais qu'il a des préservatifs contre tous les poisons de la cour, et une raison incorruptible à tous les présens de la fortune ; il n'est point de si haut prix auquel il voulût laisser sa vertu. C'eût été un martir résolu sous Néron, comme il sera ministre utile sous un prince juste. Pour conserver une vie de peu de jours, il ne voudrait pas obscurcir celle qui doit durer dans la mémoire de plusieurs siècles, et la moindre tache sur son honneur lui serait moins supportable que l'effusion de tout son sang. Il sait qu'en l'administration de la justice il ne fait pas le droit, mais que seulement il le déclare ; qu'il est dispensateur et non pas maître de la puissance; que la souveraineté est à la loi et non pas à lui. C'est pourquoi dans chaque cause dont il connaît, il songe à la sienne propre, dont un jour on connaîtra. Il juge comme si la postérité devait revoir ses jugemens, et que le tems présent fût subalterne du tems à venir. Ayant sérieusement médité sur la condition des choses humaines, il les estime justement ce qu'elles valent, mais il n'ajoute rien à leur valeur par son opinion; il ne hait pas les richesses ni l'autorité, (c'était une mauvaise humeur des cyniques de haïr ce qui est aimable) il s'en sert, à l'usage de l'académie et du lycée, qui ne les croyaient pas des empêchemens du souverain bien, mais des aides et des matières de la vertu. Je l'ai ouï raisonner de cette façon; de ses principes, j'ai tiré mes conclusions, et dans une conférence que j'eus il y a quelques années avec lui, il me parut encore meilleur que je ne le représente. Je n'avais donc garde de vous laisser réjouir tout seul, ni de lire son éloge dans votre lettre, sans vous témoigner que j'en étais persuadé avant que de l'avoir lu, et que vous ne nous apprenez rien de nouveau, bien que vous nous disiez d'excellentes choses.

Le docteur ennemi de la Beaucé verra, s'il vous plaît, la réponse que je vous envoie aux objections qu'il m'avait faites. Je suis,

   Monsieur, votre, etc.

Le 1.er mars 1633.

A M. SÉGUIER [1].

Monseigneur,

Si on ne m'eût averti que j'étais obligé de vous écrire, je ne savais pas qu'il le fallût faire, et quoique j'aie goûté autant que nul autre le choix que le Roi a fait de votre personne, je le considérais comme une des félicités de son règne, et une grace faite à tout le monde. Me ressouvenant de la définition de la justice, qu'Aristote appelle le bien d'autrui, il ne me semblait pas si à propos de se réjouir avec le tuteur des lois, de la peine qu'il aura à veiller toujours, que de prendre part au bonheur des peuples, qui se reposeront sur sa vigilance. Toute-

[1] Pierre Séguier, magistrat recommandable par son intégrité et son amour pour les lettres, mort en 1672, à 84 ans.

fois, Monseigneur, puisque la coutume le veut, et qu'il vous vient des complimens des endroits les plus éloignés de ce royaume, je serais estimé peu digne du rang que je tiens entre vos très-humbles serviteurs, si je ne me séparais de la foule, pour vous rendre à part quelque témoignage de ma joie, et si je ne vous faisais voir que dans les lieux de silence et de solitude, il y a des acclamations pour vous et de l'affection pour la patrie.

Mais je prendrai la hardiesse de vous dire que cette joie dont je vous rends témoignage, est mêlée de je ne sais quelle vaine gloire que je tire du succès des choses présentes. Vous ayant accompagné de la pensée et des yeux jusques dans la place que vous remplissez si dignement, je m'imagine, Monseigneur, de vous avoir en quelque sorte conduit où le jugement du Prince vous a porté; et ainsi je jouis en votre promotion du fruit de mes conjectures ; je prends plaisir à vérifier les prédictions que j'avais faites, et à voir le destin de votre vertu accompli, après en avoir observé tout le progrès. Il y aura du plaisir à considérer une si laborieuse et si agissante vertu dans la plus large et la plus spacieuse carrière que la fortune lui pouvait choisir, et c'est un spectacle digne d'être regardé du ciel.

Le bon est, Monseigneur, que vous commencez de fort bonne heure afin de continuer fort long-tems, et que vous êtes dans la force et dans la fermeté de votre âge, pour appuyer la vieillesse et les infirmités de notre Etat. En cette haute élévation de mérite et de dignité, vous recevrez les vœux d'un chacun, mais vous me permettrez de vous assurer que vous n'en recevrez point qui vienne d'une dévotion plus désintéressée que la mienne, et que c'est moins par le respect de la dignité que par la révérence du mérite, que je suis passionnément,

Monseigneur, votre, etc.

Le 1.er avril 1633.

A M. L'ARCHEVÊQUE DE TOULOUSE.

MONSEIGNEUR,

Les nouvelles que j'ai apprises par votre lettre sont si glorieuses pour vous, que vous honorant au point que je fais je ne puis pas m'en réjouïr médiocrement. A la fin vous avez eu raison du Sénat, mais c'est le Sénat même qui vous l'a faite. Non seulement vous recevez les justes honneurs qui vous sont dus, mais vous les recevez du consentement de ceux qui vous les disputaient, et par un même succès vous avez gagné votre cause et l'affection de vos parties. Ainsi, quoique la victoire soit bonne, la paix étant encore meilleure, rien ne doit manquer à votre satisfaction, puisque vous avez obtenu tout à la fois le *bien* et le *mieux*.

Reste, Monseigneur, à jouir de ce beau calme, et de ces jours de sérénité que vous vous êtes acquis, c'est-à-dire à les employer tout entiers à la moisson qui vous attend, et à la conduite du troupeau que Jesus-Christ a fié à votre soin. Si vous eussiez voulu, vous pouviez prendre un autre chemin pour arriver à la gloire; mais tout bien considéré, celui-ci est le plus assuré et le plus court à qui ne vise qu'à celle du ciel.

Quand vous pourriez aller au-delà du Cardinal Baronius [1] par la solidité de votre doctrine, il vaut mieux suivre le Cardinal Borromée [2] par la sainteté de votre vie, et faire des choses à écrire qu'écrire des choses faites. Que j'estime heureux les moindres ouvriers dont vous vous servez en vos grands travaux ! et qu'il me fâche de vou-

---

[1] César Baronius, auteur des *Annales ecclésiastiques*, mort à Rome, en 1607, âgé de 69 ans.

[2] Saint-Charles Borromée, mort en 1584; canonisé en 1610.

loir toujours être auprès de vous, et de demeurer toujours ici avec des souhaits et des passions oisives de vous témoigner, je ne sais quand, que je suis plus que personne au monde,

Monseigneur, votre, etc.

Le 25 juillet 1633.

A M. SÉGUIER.

Monseigneur,

Vos faveurs justifient ma solitude, et la grace que j'ai reçue à votre recommandation me donne rang dans le monde, encore que je n'y sois pas; elle fait voir à ceux qui s'empressent et qui courent, qu'il y a une osiveté que la république paye, et un repos que vous estimez. Toutes les mains qui servent l'Etat ne sont pas employées à tuer des hommes ni à remuer des machines. Il y en a que l'on lève au ciel pour seconder celles qui combattent, et pour demander à Dieu la victoire; il y en a qui font des dépêches et des commissions; quelques-unes dressent des plans et tracent sur le papier ce qui se doit exécuter à la campagne; quelques autres travaillent sans bruit pour l'honneur du prince et pour l'édification de ses sujets.

Je ne veux pas dire, Monseigneur, que les miennes ayent été si noblement occupées, je dis seulement que si être homme de bien et bon citoyen est la première partie de la définition de bon orateur, on ne me peut disputer légitimement la moitié de cette excellente qualité, et qu'en tout cas l'abondance de la passion mérite qu'on excuse le défaut de l'art.

Je vois assez que vous êtes indulgent jusques-là, et qu'il n'est point de si basse médiocrité dans la profession des bonnes lettres, que vous ne preniez plaisir de relever par votre faveur. Vous aimez les connaissances honnêtes, parce que vous avez découvert leurs plus secrètes et leurs plus particulières beautés. Vous vous opposez au retour de l'ignorance, parce que vous savez bien que si les Français devenaient barbares, votre vertu serait mal louée par des orateurs et par des poëtes de Barbarie. Ce sera donc votre protection qui, pour l'intérêt de votre vertu, échauffera et encouragera les esprits de votre siècle; qui polira et civilisera jusqu'à notre rudesse et à nos villages; qui fera naître les belles choses de tous côtés; qui rendra savante toute la France.

Ce seront vos bienfaits, Monseigneur, qui remettront en honneur des personnes qu'on a autrefois appelées saintes, et que maintenant on nomme inutiles.

Mais quoique je vous sois obligé de la nouvelle grace qui m'a été faite, ce ne sont pas pourtant vos bienfaits que je vous demande principalement; peu de choses suffisent à une ame qui a goûté de l'étude de la sagesse, et les nécessaires ne me manquant pas, je ne puis désirer d'autrui que celles dont je me puis passer, et que, dans la rigueur de la philosophie on estime superflues; je parle des faveurs et des largesses de la fortune, car pour votre bienveillance et pour votre estime, je ne les mets pas en ce nombre-là. Ce sont parties essentielles de la félicité que je cherche; j'en ai absolument besoin pour la satisfaction de ma vie, et il est certain que je ne serais point content de moi-même, si je n'étais approuvé de vous, de qui je suis de toute mon ame,

Monseigneur, le très-humble, etc.

Le 6 septembre 1636.

AU MÊME.

Monseigneur,

J'ai su que vous n'avez pas voulu permettre la publication d'un livre, composé nouvellement contre moi. Quoique le mal que j'eusse reçu en cela, eût été petit, l'obligation que je vous ai ne laisse pas d'être grande, et c'est avoir un soin bien particulier de la tranquillité de ma vie, de ne pas souffrir que le moindre bruit la vienne troubler.

Je ne sais pas même, Monseigneur, si ce n'est point traiter avec trop de délicatesse un homme qui fait profession de philosophie. Il suffit que l'autorité publique me couvre de la tempête, sans qu'elle m'exempte du vent et de la poussière; et qu'elle défende ma retraite contre les bêtes sauvages, sans en détourner encore les mouches et les autres insectes importuns. Mais, Monseigneur, la bonté que vous avez pour moi, va plus loin que la justice ordinaire. Vous ne voulez pas seulement que je sois en repos dans l'agitation de toute l'Europe, vous voudriez encore que le monde eût quelque respect pour mon repos, et qu'étant éloigné des hommes je fusse hors de la portée de la médisance.

Elle a néanmoins poursuivi Saint-Jérôme jusques dans les grottes de Bethléem ; elle l'a trouvé, ainsi qu'il le témoigne lui-même, encore qu'il se fût caché. Si cette insolente n'a point eu de considération pour une sainteté admirable, il me semble qu'une innocence vulgaire n'en doit pas attendre de fort favorable traitement. Mais passant de la pureté des mœurs aux bonnes qualités de l'esprit, si de tems en tems il s'est élevé des révoltes contre les chefs des arts et des disciplines, et si de la mémoire de nos pères, on a dit publiquement à Paris qu'Aristote était un mauvais sophiste, je pense qu'on me fait courtoisie en ce pays-là, quand on se contente de m'y appeler mauvais écrivain. Ce grand blasphémateur du nom d'Aristote, tant par écrit que de vive voix, c'était, comme vous savez, le docteur Ramus [1], lequel, bien qu'il fût de notre église, passa pour huguenot au massacre, et mourut de la mort des rebelles et des factieux. Et en effet, quelques-uns ont cru que Dieu le permit ainsi, par un juste jugement, et que l'ange tutélaire des bonnes lettres prit le prétexte de la cause de la foi, afin de venger les injures qu'il avait faites à la raison.

Il y a encore aujourd'hui en Allemagne un tyran grammairien, un ennemi des vérités universelles, un accusateur de Cicéron, qui depuis peu a publié des observations où il fait le procès à son juge et dispute le rang au prince de l'antiquité latine. Si bien, Monseigneur, que le consentement du genre humain, confirmé par une possession de dix-

---

[1] Pierre Ramus, célèbre professeur au collége royal; il avait entrepris, dans un cours public, la réfutation de la doctrine d'Aristote; il mourut égorgé dans les massacres de la Saint-Barthélemi.

huit siècles, n'est pas un titre suffisant pour assurer la réputation de ce Romain, contre la chicane de ce barbare. Voilà qui n'est pas de bon exemple : mais toutefois, puisqu'il est ainsi, et qu'il ne sert de rien à la vertu d'être consacrée par le tems et couronnée par les peuples, pour être inviolable aux attentats des particuliers, il n'y a point d'apparence que je veuille faire pitié auprès de tant de héros maltraités, et que je sois en considération où Aristote et Cicéron ne sont pas en sûreté. Un homme commun ne se doit pas plaindre d'avoir le même destin que les hommes extraordinaires, et je ne puis pas honnêtement désirer de vous que vous réformiez le monde pour l'amour de moi.

Que sais-je même, Monseigneur, si ce petit désordre n'est point de quelque usage dans la République, et s'il ne serait pas à souhaiter que la malice s'amusât toujours ainsi à des choses de peu d'importance, afin qu'elle ne songeât jamais à celles qui importent beaucoup ? Ceux qui ont mis leur industrie à corrompre le sens de mes paroles, et à falsifier mes ouvrages, eussent peut-être supposé des testamens, ou eussent fait la fausse monnaie; et tel vous demande aujourd'hui un privilége, qui sans moi aurait peut-être besoin d'une abolition. Il vaut bien mieux que l'injustice se joue dans mes livres, que si elle agissait tout de bon dans la société civile; il vaut bien mieux que les injustes transposent des mots et renversent des périodes, que s'ils remuaient les bornes des terres et ruinaient les maisons de leurs voisins. C'est, à vrai dire, le plus innocent emploi où le vice se puisse exercer, et je ne crois pas avoir peu mérité du public, d'avoir depuis dix ans occupé une infinité d'oisifs, qui apparemment eussent été de dangereux citoyens, s'ils n'eussent mieux aimé être de ridicules censeurs. Il est bon que la chaleur des esprits s'exhale par-là, et que leur intempérance prenne ce cours; et que pour éviter la rage on donne liberté à la folie.

Laissez-leur donc cet exercice, Monseigneur; ils ne savent que faire de leur tems, et ils en useront plus mal si vous ne leur permettez d'en user de cette sorte. Souffrez que la jeunesse turbulente passe sa fougue contre un sujet insensible et contre des paroles mortes, qui ne sont capables ni de douleur ni de joie. Tant qu'il ne se présentera au sceau que de ces gladiateurs de plume, ne soyez point avare des graces du Prince, et relâchez un peu de votre sévérité. Si la chose était nouvelle, il se peut que je ne serais pas fâché de la suppression du premier libelle qui me dirait des injures ; mais à cette heure qu'il y en a pour le moins une médiocre bibliothèque, je suis presque bien aise qu'elle se grossisse. Le blâme de certaines personnes ne me semble pas honteux, parce que leur estime ne me semble pas honnête. Je ne m'entends point à briguer des voix, ni à faire des cabales pour être approuvé de toutes sortes de gens ; j'ai ce que je désire, Monseigneur, si j'ai votre approbation. Aussi part-elle d'un principe qui ne peut errer et d'une intelligence parfaitement éclairée. Dieu vous avait donné un souverain jugement, avant que le roi eût mis entre vos mains sa justice souveraine, et vous étiez tout-puissant en raison, avant que vous le fussiez en autorité. Je n'ai point recours à celle-ci, sachant que l'autre ne m'est pas contraire, et je suis bien plus glorieux de vous avoir plu, que je ne serais satisfait si vous aviez proscrit tous mes ennemis.

Les propos avantageux que vous avez tenus de moi en diverses occasions, votre portrait que vous me donnâtes l'année passée pour gage de votre affection, la part que vous m'aviez faite auparavant des richesses de vos écrits, je parle de ces écrits animés de l'esprit de l'état, et pleins de la grandeur de votre maître, qui me semblèrent si au-dessus de la force de ce siècle, et si dignes de la majesté Romaine; en un mot, Monseigneur, tous les momens de cette bienheureuse après-dînée que j'eus l'honneur de passer en votre cabinet avec vous, sont des priviléges que je considère beaucoup plus que celui que vous avez refusé au singe de Phylarque. Je n'oserais parler des autres obligations que je vous ai ; vous m'avez là-dessus imposé silence, et avez cru que vos graces perdraient quelque chose de leur pureté, si mes remercimens les accompagnaient. Il ne faut pas pourtant que vous m'empêchiez d'avoir l'intention d'un homme de bien, ni de concevoir de bonnes pensées. Vous m'avez fait défense de publier mon ressentiment, mais vous ne m'avez pas défendu de m'acquitter de cette secrete partie de mon devoir, et d'être pour le moins dans l'ame, toute ma vie,

Monseigneur, votre, etc.

Le 30 octobre 1636.

A M. SCUDÉRY[1].

Monsieur,

Vous n'avez pas pris conseil du secrétaire de Florence en la distribution de vos bienfaits ; il vous eût dit que vous deviez verser goutte à goutte, et qu'il faut faire durer les graces ; mais la grandeur de courage dont vous faites profession, est au-dessus de ces maximes peu généreuses ; elle épand le bien à pleines mains, et vous penseriez n'avoir pas donné si vous n'aviez enrichi.

J'ai trouvé dans un même paquet votre

---

[1] George Scudéry, écrivain d'une fécondité prodigieuse ; c'est de lui que Boileau a dit :

Bienheureux Scudéry dont la fertile plume
Peut chaque mois sans peine enfanter un volume.

Il fut de l'Académie française, et mourut à Paris, en 1667, âgé de 66 ans.

lettre, votre requête, votre tragédie et vos observations sur le Cid. Voilà bien des faveurs tout-à-la-fois. Si vous eussiez été bon ménager, vous aviez de quoi recevoir quatre remercimens séparés. Mais, sans doute, c'est que vous avez voulu vous garantir de trois mauvais complimens, en vous contentant de cettui-ci. Je ne prétends pas, Monsieur, qu'il m'acquitte de ce que je vous dois ; il vous témoignera seulement que je confesse vous devoir beaucoup, et que le désert ne m'a pas rendu si sauvage que je ne sois touché des raretés qu'on nous apporte du monde. Je mets en ce nombre-là les présens que vous m'avez faits, et vous savez bien que ce n'est pas d'aujourd'hui que j'estime les choses que vous savez faire. J'ai été un des premiers qui ai recueilli avec honneur vos Muses naissantes, et qui battis des mains lorsque vos premiers essais furent récités. Depuis ce tems-là mon estime a crû avec vos forces, et ayant donné des applaudissemens à un commencement de belle espérance, je ne puis pas légitimement refuser ma voix à des productions achevées. Mais le mérite de vos vers est ignoré de fort peu de gens ; votre prose en a surpris quelques-uns, qui ne vous connaissaient pas tout entier ; et comme elle a quantité de graces, outre celles de la nouveauté, elle a eu aussi quantité de partisans, dont je ne suis pas le moins passionné.

Ce n'est pas pourtant à moi à connaître du différend qui est entre vous et monsieur Corneille, et à mon ordinaire, je doute plus volontiers que je ne résous. Bien vous dirai-je qu'il me semble que vous l'attaquez avec force et adresse, et qu'il y a du bon sens, de la subtilité et de la galanterie même, en la plupart des objections que vous lui faites. Considérez néanmoins, Monsieur, que toute la France entre en cause avec lui, et qu'il n'y a pas un des juges qui n'ait loué ce que vous désirez qu'il condamne. De sorte que quand vos argumens seraient invincibles, et que votre adversaire même y acquiescerait, il aurait de quoi se consoler glorieusement de la perte de son procès, et vous pourrait dire que d'avoir satisfait tout un royaume, est quelque chose de plus grand et de meilleur que d'avoir fait une pièce régulière. Il n'y a point d'architecte d'Italie qui ne trouve des défauts en la structure de Fontainebleau, qui ne l'appelle un monstre de pierre : ce monstre néanmoins est la belle demeure des rois, et la cour y loge commodément. Il y a des beautés parfaites qui sont effacées par d'autres beautés qui ont plus d'agrément et moins de perfection ; et parce que l'acquis n'est pas si noble que le naturel, ni le travail des hommes si estimable que les dons du ciel, on vous pourrait encore dire que savoir *l'art de plaire* ne vaut pas tant que savoir *plaire sans art*. Or s'il est vrai que la satisfaction des spectateurs soit la fin que se proposent les spectacles, et que les maîtres mêmes du métier aient quelquefois appelé de César au Peuple, le Cid du poëte Français ayant plû, ne serait-il point vrai qu'il a obtenu la fin de la représentation, et qu'il est arrivé à son but, encore que ce ne soit pas par le chemin d'Aristote, ni par les adresses de sa poétique.

Mais vous dites qu'il a ébloui les yeux du monde, et vous l'accusez de charme et d'enchantement. Je connais beaucoup de gens qui feraient vanité d'une telle accusation, et vous me confesserez vous-même que la magie serait une chose excellente si c'était une chose permise. Ce serait, à dire vrai, une belle chose de pouvoir faire des prodiges innocemment, de faire voir le soleil quand il est nuit ; d'apprêter des festins, sans viandes ni officiers ; de changer en pistoles les feuilles de chêne et le verre en diamans. C'est ce que vous reprochez à l'auteur du Cid, qui, vous avouant qu'il a violé les règles de l'art, vous oblige de lui avouer qu'il a un secret qui a mieux réussi que l'art même ; et ne vous niant pas qu'il a trompé toute la cour et tout le peuple, ne vous laisse conclure de là, sinon que la tromperie qui s'étend à un si grand nombre de personnes, est moins une fraude qu'une conquête.

Cela étant, Monsieur, je ne doute point que Messieurs de l'Académie ne se trouvent bien empêchés dans le jugement de votre procès, et que d'un côté, vos raisons ne les ébranlent, et de l'autre l'approbation publique ne les retienne.

Je serais en la même peine, si j'étais en la même délibération, et si de bonne fortune je ne venais de trouver votre arrêt dans les registres de l'antiquité. Il a été prononcé il y a plus de quinze cents ans, par un philosophe de la famille stoïque, mais un philosophe dont la dureté n'était pas impénétrable à la joie; duquel il nous reste des satyres et des tragédies; qui vivait sous le règne d'un Empereur poëte et comédien, au siècle des vers et de la musique. Voici les termes de cet authentique arrêt, et je vous les laisse interpréter à vos Dames, pour lesquelles vous avez bien entrepris une plus longue et plus difficile traduction :

ILLUD MVLTUM EST PRIMO ASPECTU OCULOS OCCUPASSE, ETIAMSI CONTEMPLATIO DILIGENS INVENTURA EST QUOD ARGUAT. SI ME INTERROGAS, MAJOR ILLE EST QUI JUDICIUM ABSTULIT, QUAM QUI MERUIT [1].

[1] C'est beaucoup de se rendre favorable le pre-

Votre adversaire trouve son compte dans cet arrêt, par ce favorable mot de MAJOR EST; et vous avez aussi ce que vous pouvez désirer, ne désirant rien à mon avis que de prouver que JUDICIUM ABSTULIT [1]. Ainsi vous l'emportez dans le cabinet, et il a gagné au théâtre. Si le Cid est coupable, c'est d'un crime qui a eu récompense; s'il est puni, ce sera après avoir triomphé.

Si Aristote trouve quelque chose à désirer en sa conduite, il doit le laisser jouir de sa bonne fortune, et ne pas condamner un dessein que le succès à justifié. Vous êtes trop bon pour en vouloir davantage; vous savez qu'on apporte souvent du tempérament aux lois, et que l'équité conserve ce que la justice pourrait ruiner. N'insistez point sur cette exacte et rigoureuse

mier coup-d'œil, quand bien même l'examen pourrait faire découvrir des défauts. A mon avis, celui qui enlève mon suffrage est au-dessus de celui qui le mérite.

[2] Il a enlevé mon suffrage.

justice; ne vous attachez point avec tant de scrupule à la souveraine raison; qui voudrait la contenter et suivre ses desseins et sa régularité, serait obligé de lui bâtir un plus beau monde que cettui-ci ; il faudrait lui faire une nouvelle nature des choses, et lui aller chercher des idées au-dessus du ciel. Je parle pour mon intérêt ; si vous la croyez, vous ne trouverez rien qui mérite d'être aimé, et par conséquent je suis en hasard de perdre vos bonnes graces, bien qu'elles me soient extrêmement chères, et que je sois passionnément,

Monsieur, votre, etc.

Le 27 aout 1637.

A M. CHAPELAIN.

Monsieur,

Je ne vous dirai point que je prends part à votre douleur, je parlerais improprement ; c'est ma douleur toute entière, et telle qu'une parfaite amitié la peut faire naître dans une ame tendre. Je sens donc vos maux comme les miens propres, et n'ai garde d'être en état de vous consoler.

Voici la saison des disgraces et des pertes; chez les plus heureux même, les prospérités ne sont pas pures, et il y a du deuil et des larmes du côté de la victoire; il faut amuser le plus qu'on peut son affliction, et chercher des objets qui la trompent, s'il n'y en a point qui soient capables de la guérir.

Que je voudrais vous pouvoir fournir de ces objets trompeurs et divertissans ! Si mes lettres étaient quelque chose de semblable, je commencerais à bénir un exercice auquel j'ai donné de si fréquentes malédictions, et ne dirais plus ce que j'ai dit si souvent : *Utinam nescirem litteras !* [1]

Mon affection ne se fait jamais de fête, mais elle fait toujours son devoir; elle se trouve aux jours de deuil et laisse la prospérité aux affections des autres amis; elle a beaucoup de chaleur et peu d'éclat.

On peut vous traiter avec plus de compliment, mais non pas vous aimer avec plus de fidélité.

A Balzac, ce 6 septembre 1637.

[1] Plût à Dieu que je ne susse point écrire !

A M. CONRART[1].

Monsieur,

Les plus belles solitudes sont celles qui sont les plus proches de Paris, et vous êtes heureux de pouvoir être courtisan le matin et hermite l'après-dîner; c'est le moyen de ne s'ennuyer ni de l'une ni de l'autre vie, et de prévenir le dégoût par le changement.

Pour moi, je suis ici confiné en une des extrémités de la terre, éloigné de huit grandes journées de votre monde poli; je suis réduit par conséquent à la simple satisfac-

---

[1] Il fut secrétaire perpétuel de l'Académie française, et a beaucoup contribué à la fondation de cette société.

tion de moi-même, qui ne me satisfais presque jamais, ou au seul entretien des morts, qui ne me disent plus que la même chose.

La condition de madame Desloges n'est guères meilleure que la mienne, et hors de son cabinet et de sa famille elle ne voit rien qui lui puisse plaire ; encore à présent elle est plus à plaindre qu'elle n'était les années passées. Aux chagrins de Limousin elle ajoute tous les dangers de Breda, et à son compte, c'est contre elle seule que les Espagnols font leurs sorties, et qu'on tire aux tranchées des Hollandais. Je la viens de laisser dans cette fièvre d'esprit qui la fait trembler à l'oùverture de toutes les lettres qu'elle reçoit, craignant toujours d'y trouver un fils ou un neveu mort. En ce déplorable état elle s'est pourtant souvenue de vous avec consolation, et vous avez fourni matière à une de nos plus longues conférences ; vous avez été lu et relu une douzaine de fois. Je lui ai montré la description de votre retraite, elle m'a montré d'autres belles choses de votre façon, et il a été conclu en votre faveur que le bon sens est de Paris aussi bien que d'Athènes et de Rome, et qu'on peut penser heureusement et exprimer ses pensées avec succès, sans l'aide du grec ni du latin. Si je me sers de l'un et de l'autre plus souvent qu'à l'ordinaire, je ne tire point à mon avantage cette abondance étrangère, qui me reproche ma propre stérilité. C'est en effet que je suis contraint d'emprunter d'autrui, ayant épuisé le mien, et que manquant de force, j'ai besoin de m'appuyer pour me soutenir. Quoi qu'il en soit, ce n'est pas peu de vous plaire, et puisque vous m'assurez que mes écrits sont vos plus agréables divertissemens, je m'obstinerai à être écrivain, quand il n'y aurait que vous de lecteur au monde. Il faut donc travailler cet hiver, et faire valoir l'authentique privilège que vous avez obtenu pour moi qui suis toujours très-parfaitement,

Monsieur, votre etc.

Le 18 septembre 1637.

A M. LE C.te DE LA MOTTE FÉNÉLON.

Monsieur,

Silvie est une jolie fille, je le vous avoue; il s'en peut faire une honnête femme, je le vous avoue encore; comme son esprit n'a rien d'artificieux, sa naïveté n'a rien de niais; elle sait répondre oui et non raisonnablement; quelquefois même elle se hasarde plus avant avec succès; étant à la comédie, elle ne prie point sa compagne de l'avertir quand il faudra rire. On ne peut pas dire aussi qu'elle soit laide en l'âge où elle est, puisque, au jugement de madame la marquise ***, le diable était beau quand il était jeune. Mais voilà bien de quoi faire regretter le plus triste séjour de la terre. Vous vous moquez, Monsieur, de Silvie et d'Amynthe; celle-là n'a que des qualités très-vulgaires; cettui-ci n'en a pas seulement de supportables, et il y a encore moins à estimer en sa mélancolique personne qu'en toutes les autres pièces du triste séjour. C'est un fâcheux dont le chagrin gâte la sérénité des plus beaux jours, et trouble la joie des plus saintes fêtes. Passant mal toutes les nuits, il s'en prend à tout le monde tous les matins; il peste contre la nature universelle. Souvent il est si retiré en lui-même, qu'il n'en sortirait pas pour aller au-devant d'un Légat *à latere*; et si la bonne fortune venait en personne le visiter, elle pourrait arriver tel jour de la semaine que la porte lui serait fermée, quand même elle aurait dit son nom pour entrer. Il faut avouer qu'un homme de cette humeur ne doit être aimé que chrétiennement; c'est tout ce qu'on peut donner aux commandemens de Dieu et à l'autorité de la religion.

Je conclus donc, Monsieur, que vous faites une action de trop grande charité, de désirer une si mauvaise compagnie, et je suis digne peut-être de la pitié des honnêtes gens, mais non pas de leur curiosité. Vous êtes riche des dons du ciel et des véritables biens de l'homme. Comment avec tant d'esprit et tant de vertu, en cherchez-vous hors de vous, et où il y en a si peu ? Pourquoi êtes-vous si persuadé de mon faux mérite ? Pourquoi voulez-vous faire un voyage pour l'amour de moi, qui ne vous saurais être agréable une demi-heure ; bien que je veuille être toute ma vie,

Monsieur, votre, etc.

Le 12 avril 1638.

A M. LE MAIRE D'ANGOULÊME.

Monsieur,

Je me promets que vous aurez agréable la prière que ce porteur vous fera de ma part. Elle regarde l'intérêt public aussi bien que le mien particulier, et je sais que vous êtes si ponctuel dans les fonctions de votre charge, que de vous découvrir un mal c'est presque y avoir remédié.

A l'entrée du faubourg Loumeau il y a un chemin dont on ne peut se plaindre en termes vulgaires; il est plus difficile et plus dangereux qu'un labyrinthe. Il ne fortifie point Angoulême et désespère tous ceux qui y vont. Je faillis avant-hier à m'y perdre et à faire naufrage dans la boue. Si c'était en pleine mer et sur une mauvaise chaloupe, et par la violence d'une tempête, ce serait une aventure ordinaire ; mais en terre ferme, en carrosse, dans la sérénité des plus beaux jours et du tems de votre mairie, ce malheur ne se peut comprendre ; il n'y aurait pas moyen de s'en consoler.

Trois mots d'ordonnance que je vous demande, peuvent remettre les choses en meilleur état et obliger toute la campagne. Ajoutez donc les bénédictions de dehors à celles que vous recevez dans la ville, et ne souffrez pas que la face de votre public, à l'embellissement de laquelle vous travaillez en d'autres endroits, soit défigurée en cettui-ci par une si vilaine tache.

Mais après avoir considéré le public, ne voudriez vous point me compter pour quelque chose et favoriser une personne qu'on croit n'être pas ingrate des faveurs qu'elle reçoit ? Il y a des gens qui disent davantage, et qui vous assureront que vous avez un moyen d'étendre votre réputation hors des bornes de votre province, et de faire durer long-tems l'année de votre mairie. Je saurai par le retour de ce porteur, si ces gens-là disent vrai, et si vous estimez si fort le remerciment que je vous ferai, après la prière que je vous fais, à laquelle je ne puis rien ajouter que l'assurance que je vous donne, d'être véritablement,

Monsieur, votre, etc.

Le 4 juillet 1638.

A M. FAVEREAU.

Monsieur,

Recevez de moi les mêmes excuses que vous me faites, et ne jugez pas de mon affection par mes complimens. Je suis quelquefois si paresseux à écrire, qu'un voyage de cinquante lieues me coûterait moins qu'une lettre de vingt-cinq lignes, et tout faible et lâche que je sois, j'aimerais mieux prendre la poste pour aller trouver mes amis, que mettre la main à la plume pour leur mander de mes nouvelles. Ce n'est pas une petite affaire de parler et de n'avoir rien à dire, de manquer de choses et de remplir de mots une feuille de papier. En vérité, je suis honteux de retomber si souvent dans la répétition des mêmes termes.

Vous saurez donc seulement que vous avez rendu mademoiselle de Campaignole la plus superbe de toutes les vierges ; mais certes son orgueil est raisonnable, les marques qu'elle a reçues de votre souvenir sont si belles, qu'il n'est point de confesseur si sévère qui ne lui pardonne la vanité qu'elle en tire ; et moi-même j'y prends tant de part, qu'il semble qu'après une si glorieuse approbation il y a bien plus d'honneur d'être son oncle qu'auparavant. Je suis toujours avec passion,

Monsieur, votre, etc.

Le 20 juillet 1638.

A M. DE COUVRELLES.

Monsieur,

Ce n'est pas être mort au monde que de vivre en votre souvenir, mais c'est vivre glorieusement que d'être loué dans le cabinet de madame Desloges, par vous et par monsieur de Borstel; il n'est point de vertu si ambitieuse qui osât en désirer davantage, ni qui voulût choisir pour le jour de son couronnement un autre lieu et d'autres personnes. Je vois donc bien que je suis traité avec plus de grace que de justice, et je trouve ma récompense si au-dessus de la médiocrité de mon mérite, que je confesse vous devoir tout ce que vous croyez m'avoir rendu. Ce n'est pas de cela pourtant que je vous suis le plus obligé. Quelque honneur que j'aie reçu d'une bouche si éloquente que la vôtre, vos paroles me plaisent bien davantage, quand elles guérissent que quand elles louent, et je vous remercie bien de meilleur cœur de la cure de notre excellente malade que de mon panégyrique. Vous connaissant au point que je fais, je ne puis pas douter de la vérité de ce miracle ; et je sais, il y a long-tems par expérience, que vous vous mêlez de faire des choses extraordinaires.

Je n'en pouvais plus sur le chemin de Poitiers, lorsque vous m'apparûtes heureusement pour me secourir, et il me semble que de m'avoir délassé en un instant, et de m'avoir fait trouver des délices dans une mauvaise hôtellerie, n'est guères moins que d'avoir chassé la fièvre lente, et d'avoir donné de la consolation à une affligée. Après cela, pourquoi parlez-vous de la force de mon style et de la vertu de mes écrits, vous qui agissez si efficacement dans votre plus familière conversation ? Serait-il possible que vous goûtassiez du latin conçu dans la barbarie de mon village, à huit journées de la galerie de monsieur de Thou, et dix-huit siècles après la mort de Cicéron? Je ne sais si je suis Goth ou Romain, ou si c'est jargon ou langage que je débite ; mais je sais que vous êtes parfaitement obligeant, et que vous estimez jusqu'à la bonne intention de ceux qui font mal. Je n'ai rien à vous dire là-dessus, sinon que vous n'applaudirez jamais à mauvais acteur qui vous honore plus que je fais, ni qui soit avec plus de passion que je suis,

Monsieur, votre, etc.

Le 10 août 1638.

A M. DE ✶✶✶✶✶.

Monsieur,

Votre lettre du mois de juin m'a été rendue à la mi-août, et j'y fais réponse dans un état à faire pitié, beaucoup plus qu'à donner consolation. Mes anciens maux me sont revenu attaquer depuis quelque tems; mais avec une migraine de recrue, qui me tourmente de telle sorte que ce serait merveille si une douleur si voisine de l'esprit m'en laissait libres les fonctions.

Vous serez assez bon, je m'assure, pour me pardonner mon impuissance, et ne pas trouver mauvais qu'en cette générale dissipation de mes plus raisonnables pensées, je ne puisse vous rendre or pour or, et belles choses pour belles choses. Il me suffit,

Monsieur, d'estimer extrêmement, comme je fais, votre subtile et biendisante tristesse.

Mais je vous demanderais volontiers, qu'est-ce que vous prétendez faire de cette pompeuse exagération de votre malheur, et de tant d'art et d'ornemens que vous employez à embellir votre perte ? Au lieu de la laisser vieillir et emporter enfin par le tems, il semble que vous vouliez la renouveler par le souvenir, et en faire une fête de tous les jours. Au lieu de souffrir qu'elle s'efface peu-à-peu de votre esprit, vous cherchez les plus vives et les plus durables couleurs, afin de la conserver toujours fraîche et toujours récente, afin de la peindre, si vous pouviez, pour l'éternité.

Mais comment y aurait-il d'éternité pour la fragilité des peintures, puisqu'il n'y en a pas pour la dureté des marbres ? Les années les gâtent et les consument, il s'en fait des éclats et de la poussière ; ils reviennent à leur premier rien. Et c'est par cet endroit, Monsieur, que je viens en passant d'apercevoir que je pourrais principalement vous attaquer et vous sommer de vous rendre de la part de la raison.

Nous avons perdu en notre ami un très-digne Sénateur, je le vous avoue ; mais le Sénat même se perdra, et un jour il n'y aura pas plus de Conseillers de Paris que de Pères Conscripts de Rome et d'Aréopagites d'Athènes.

Nous avons perdu dans le même ami un mathématicien, un orateur et un poëte, je vous l'avoue de rechef ; mais ne savez-vous pas que les hommes ne vivent que parmi des pertes, qu'ils ne cheminent que sur des ruines ; et combien y a-t-il, je vous prie, que les mathématiciens, que les orateurs, que les poëtes meurent ? On devrait être accoutumé à semblables accidens ; ils sont aussi anciens que le monde, et nous les trouvons étranges, comme si c'était une nouveauté d'aujourd'hui. Ce ne sont point des prodiges, ce sont des choses vulgaires et familières ; et celui qui a dit *qu'il n'y a eu que la première mort, non plus que la pre-*

*mière nuit qui ait mérité de l'étonnement
et de la tristesse*, a dit une vérité, sur laquelle il faudrait faire plus de réflexions que
nous ne faisons.

Tout, Monsieur, tout sans exception est
condamné à la même peine ; et non-seulement les parlemens et les juges ne sont pas
des choses immortelles, mais encore les
sciences périront aussi bien que les savans,
et la hauteur de l'astrologie ne sera pas plus
privilégiée que la bassesse de la grammaire.
Dieu qui doit ruiner les cieux pour en bâtir
de plus beaux, ne conservera pas les globes
et les astrolabes, en destruisant leur objet.
Il ne nous laissera point nos petites connaissances dans le bienheureux AVENIR qu'il nous
prépare, parce que nous n'aurons pas le
loisir de nous y jouer, et que notre félicité
sera toute sérieuse. Il abolira la prose et les
vers ; il supprimera les oraisons et les hymnes, et tous les autres moyens imparfaits de
parler de lui, pour donner lieu à une plus
noble et plus excellente manière de le louer.

Je ne saurais donc trouver étrange, quoi

que puissent dire vos exclamations, que les artisans et les ouvrages finissent, puisque les arts et les modèles doivent finir. Mais d'ailleurs, Monsieur, cette fin ne me semble pas être un grand mal ; et je suis si peu satisfait du monde, que je n'ai garde de plaindre qui que ce soit, pour n'y être plus. Il y a trente-cinq ans que je m'y ennuie et que tout m'y fâche ; que je murmure et que je crie contre lui. Mes seuls amis sont les seuls objets qui ne m'y sont pas désagréables, et vous voulez bien que je vous mette de ce nombre-là, puis que je suis avec passion,

Monsieur, votre, etc.

Le 19 aout 1638.

A M.me DE VILLESAVIN.

Madame,

Comme je ne suis pas de vos importuns, je ne veux pas être de vos ingrats. L'étude de la sagesse qui apprend à ne rien demander, enseigne à devoir comme il faut, et m'ayant ôté le desir d'avoir du bien, elle ne m'ôte pas la reconnaissance quand on m'en fait. Vous êtes de ces personnes bienfaisantes qui prennent plaisir à obliger; mais quelque reconnaissant que je sois dans l'ame, je serais au-dehors un peu trop secret, si je dissimulais plus long-tems les obligations que je vous ai. Il faut enfin, Madame, que je me loue de votre bonté et de celle de votre mémoire; la première n'a point attendu mes prières pour recommander mes intérêts à monsieur le Surintendant, et l'autre vous a averti dans la foule du grand monde, qu'il y avait je ne sais qui au désert, qui n'était pas indigne de votre protection. Ce je ne sais qui a encore certains mouvemens de vie raisonnable, qui distinguent son repos de sa langueur ; il est éclairé par hasard de quelque beau rayon de lumière, et sa retraite n'est pas tout-à-fait sa sépulture..... Faites-moi l'honneur de le croire, et que je suis toujours avec passion,

Madame, votre etc.

Le 12 décembre 1638.

A M. LE MARQUIS DE MONTAUSIER.

Monsieur,

Vous saurez de monsieur Chapelain, avec quel respect j'ai reçu l'honneur que vous m'avez fait de vous souvenir de moi; mais il faut que vous sachiez de moi-même combien je me sens obligé à la belle manière dont vous avez voulu exprimer votre souvenir. Vous me consolez, Monsieur, et bien glorieusement, de tout le temps et de tout le papier que je croyais jusqu'ici avoir perdu; et quand je n'aurais travaillé que pour une cour ingrate, et pour des grands sans ressentiment, estimant mon travail au point que vous l'estimez, je ne demande rien à personne : vous m'avez payé ce que les autres me doivent.

Est-il vrai que non seulement j'amuse votre loisir, mais aussi que je guérisse votre tristesse, et que des ouvrages, qui n'étaient que les jouets des oisifs, soient devenus les remèdes des affligés ? Puisque vous y trouvez tant de goût, j'aimerais mieux, pour l'amour de vous, les appeler la nourriture des sages ; et s'ils méritaient ce nom-là, je demanderais à Dieu, encore pour l'amour de vous, la fertilité de ce bon prélat qui a semé de livres toute la France, et qui comptait dernièrement le soixante-quinzième de ses volumes ; ce serait afin de vous en envoyer des convois de tems en tems, et d'obliger par mon exemple ceux qui font languir les troupes du Roi, à ne vous laisser non plus manquer d'argent et de munitions, que j'aurais soin de vous fournir d'histoires et de discours.

L'importance est, Monsieur, que vous donnerez les sujets de ces histoires et de ces discours, si on vous donne de quoi entreprendre et de quoi agir ; et la part que vous avez eue à la miraculeuse année du duc de Weymar, ne nous permet pas de douter, que comme vous avez été un des compagnons de ses actions, vous ne soyez un des héritiers de ses pensées ; elles seraient trop grandes pour tenir dans des cœurs de médiocre capacité, et accableraient de leur force les âmes communes. Mais, Monsieur, quelle opinion pensez-vous que nous ayons de l'élévation de la vôtre, et que croyez-vous que nous nous promettions de votre destin, monsieur Chapelain et moi ? Des choses si hautes et si extraordinaires, que, pour ne rien dire davantage, elles étonnent ses vers et ma prose, et me réduisent presque à la simple protestation que je vous fais en ce lieu, d'être,

Monsieur, votre, etc.

Le 25 novembre 1638.

A Mme DESLOGES.

Madame,

J'ai su d'un de mes amis, venu nouvellement de Hollande, la perte que vous avez faite devant Breda [1]; mais jugeant de votre douleur par la connaissance que j'ai de votre bon naturel, et ne doutant point qu'elle ne soit plus grande que les ordinaires, je ne suis pas assez hardi pour entreprendre d'y mettre la main; ce sont des maux contre lesquels les remèdes étrangers n'osent agir, ou agissent inutilement. On peut ne pas pleurer avec vous, mais on ne peut pas condamner vos larmes; les plus

---

[1] Elle venait de perdre son fils tué au siége de Breda.

austères philosophes suspendent ici la sévérité de leurs décrets. Ainsi il n'y a que vous, Madame, à qui appartienne le droit de vous consoler; vous êtes seule capable de vous rendre cet office, et de toucher à l'affliction que je respecte; vous le ferez aussi, je m'assure, avec succès; et sachant bien qu'il se trouvera dans votre ame autant de force que de tendresse, je ne crois pas que, contre l'ordre des choses, vous vouliez que la force obéisse.

Autrefois je vous ai ouï si peu estimer la vie, que par vos propres maximes ce n'est pas un grand mal que d'être mort; et quand vous ne seriez plus de cette opinion, vous m'avouerez que l'absence qui sépare ceux qui vivent de ceux qui ne vivent plus, est une chose trop courte pour mériter une longue plainte. La cause des douleurs opiniâtres ne peut être soutenable qu'en présupposant une éternité en cette vie, ou un désespoir de la vie future. Mais l'exemple même des personnes que nou regrettons détruit la première présupposition, et la dernière ne compatit pas avec les promesses du Fils de Dieu.

Si bien, Madame, que je ne me souviendrais plus du commun fondement de notre créance, si je consentais à l'obstination de votre tristesse; et d'ailleurs j'aurais oublié que je traite avec une femme qui sait faire aux hommes d'excellentes leçons de sagesse, et avec une mère qui ne cède point en courage à toutes les mères de Lacédémone. Je me contenterai donc de vous représenter, pour éloigner de votre esprit les pensées vulgaires, que ce n'est pas en vain que nous vous appelons héroïne; et de vous dire ensuite, pour satisfaire à la vérité et à mon affection, qu'il n'est pas possible que je ne sois malade de tous vos maux, étant comme je suis, de toute mon ame,

Madame, votre, etc.

Le 16 décembre 1638.

A M. DE SAINT-CHARTRES.

Monsieur,

Je ne ne sais pourquoi vous vous obstinez à m'aimer ; mes incivilités vous devraient avoir rebuté, et je ne vois point de raison qui vous oblige à rechercher le moins sociable et le plus inutile de tous les hommes. Il faut que ce soit une inclination bien forte et bien désintéressée qui vous attache à un sujet si peu attrayant, et qui vous fasse porter vos soins jusqu'en ce désert, où il n'y a ni dispositions à les recevoir, ni revanche pour les reconnaître.

Je ne suis pas fâché que la lettre dont il sagit vous ait plu ; mais je le serais extrêmement, si l'ayant écrite afin de n'en plus écrire, elle avait un succès contraire à mon intention, et si elle me rejetait dans l'embarras des complimens d'où je pensais m'être sauvé pour toute ma vie. Accusez-moi de mauvaise humeur tant qu'il vous plaira, je hais à mort le métier qui m'a mis en réputation. Je me suis défait de toutes mes hyperboles et de toutes mes antithèses; et partant, quoique je sois obligé à la personne dont vous me parlez, je me ferais une extrême violence, s'il fallait que je fisse auprès d'elle le bel esprit, et que je lui écrivisse des lettres sans matière et sans occasion. Je vous supplie donc, puisque je sais que mon repos vous est cher, d'en détourner par votre dextérité semblables orages, et de changer en cet office celui que vous désirez me rendre auprès de monsieur le premier commis.

Il y a deux ans qu'on ne s'est souvenu de moi chez monsieur son maître; et si depuis ce temps-là je n'avais vécu que des rescriptions de l'épargne, vous m'avouerez que j'aurais fait fort mauvaise chère.

Je ne fais point le mécontent; mais aussi

de faire le satisfait, et de vouloir être de la cour par mes lettres, puisque je n'en suis plus par ma pension, ce serait un contretemps dont les rieurs se pourraient entretenir sans que je le dusse trouver mauvais.

Si on me paye, j'aurai obligation au payeur, et ne saurai mavais gré à personne quand on ne me paiera pas. Je trouve ici de solides consolations à des disgraces mille fois plus grandes, et je serais ingrat envers la philosophie si, ayant reçu d'elle beaucoup plus de bien que ne m'en a refusé la fortune, je me plaignais en cet état-là de qui que ce soit. C'est de vous, Monsieur, que je me loue extrêmement; et faites-moi aussi la faveur de croire que je suis et serai toujours avec une extrême passion,

Votre, etc.

Le 18 janvier 1639.

A M. DE BORSTEL.

Monsieur,

Le gentilhomme qui m'a rendu votre lettre, vous porte les sermons que vous avez voulu que je lusse, et dont vous voulez que je vous mande mon sentiment. Je les ai lus avec beaucoup de plaisir, et il me serait même permis de dire avec beaucoup d'édification. Car en effet, il me semble qu'ils ne s'éloignent point de la doctrine orthodoxe. Et sans deux ou trois petites marques, qui les font reconnaître du parti contraire, et quelques légères atteintes qu'ils donnent à des dehors que nous ne défendons guères, ils pourraient être prêchés avec applaudissement dans l'église Notre-Dame de Paris.

J'y ai trouvé de la beauté en plusieurs endroits, et de la force presque par-tout : principalement en ce que j'ai vu de notre très-cher monsieur Daillé [1]. Il n'est pas de ces orateurs singes de Sénèque, dont les antithèses perpétuelles ne piquent que la superficie de l'ame. Comme il se sert de meilleures armes qu'eux, il fait de plus profondes blessures : il laisse de véritables aiguillons dans le cœur, et non pas de fausses pointes dans les oreilles. Aussi a-t-il vu l'idée de cette souveraine rhétorique, dont je fis dernièrement le crayon, et que monsieur Costar appelle la Reine des États libres ; c'est celle-là qu'il a étudiée chez les bons maîtres. Et bien que par un certain scrupule attaché à sa profession, il n'ose pas l'employer en toute son étendue, et qu'il en cache plus qu'il n'en découvre, il est pourtant aisé à voir qu'il possède ce qu'il ne

---

[1] Ministre protestant qui a laissé plusieurs ouvrages estimés.

montre pas, et qu'il est riche et puissant, quoiqu'il soit modeste et ménager. Je suis avec passion,

Monsieur, votre, etc.

Le 4 février 1639.

A M. L'ÉVÊQUE DE GRASSE [1].

Monseigneur,

Je ne suis plus du nombre des poëtes profanes. La Silve chrétienne est achevée, et peut-être que vous ne serez pas fâché de vous y voir sous le nom de *Gratius*. Si vous aimez mieux celui de *Daphnis*, il n'est rien si aisé que de changer l'un pour l'autre; et cela se peut, sans que la mesure du vers en pâtisse,

Nulla hic syllaba contumax repugnat [2].

Au reste, mes vers ne sont point intéressés, et quand je vous loue, ce n'est point un

---

[1] Antoine Godeau, évêque de Grasse, auteur d'une *Histoire de l'église*, assez estimée; mort en 1672, âgé de 67 ans.

[2] Sans qu'aucune syllabe s'y refuse.

commerce de complimens que j'exerce ; ce ne sont point des louanges que je troque pour d'autres louanges ; ce n'est pas même un acte de gratitude que je rends, après les faveurs que j'ai reçues. Ces faveurs m'obligent à la vérité sensiblement, et la pensée que vous avez eue de faire cent lieues pour me voir, remplit de gloire tout mon désert.

Mais quand vous auriez censuré l'auteur de qui vous faites l'éloge, et que vous me chasseriez par vos foudres d'auprès de vous, bien loin de me venir visiter chez moi, étant très-persuadé de votre vertu, je l'estimerais toujours très-parfaitement. Il faudrait d'ailleurs que je combattisse mon inclination, et que je me fisse plus de violence que vous ne me sauriez faire de mal, pour n'être pas toute ma vie, de toute mon ame,

Monseigneur, votre, etc.

Le 12 avril 1639.

AU MÊME.

Monseigneur,

Si vous avez résolu, comme vous dites, d'écrire sans ornement, c'est un dessein qui vous donnera bien de la peine, et dans lequel difficilement vous réussirez. Outre que vous ne prendriez pas en cela le conseil de Saint Basile, vous vous éloigneriez encore de son exemple et de celui de toute l'Eglise de son tems, qui n'a point fait scrupule de bien parler. Défaites-vous, je vous prie, de cette mauvaise humeur. Ne vous mettez point en colère contre les Grâces, ces bonnes et innocentes filles, qui vous ont acquis tant de partisans et tant de lecteurs de vos écrits. Ayez quelque respect pour les avantages de la nature, c'est-à-dire pour les dons de Dieu ; et si vous n'êtes ennemi des plaisirs honnêtes de votre patrie, ne faites pas comme ce chaste extravagant qui se déchira le visage, parce que sa beauté plaisait trop aux yeux qui la regardaient. Il n'y a rien à craindre de l'éloquence, quand elle est au service de la piété. Le Grec ne se doit point faire Barbare, se faisant Chrétien ; et ceux qui ont peur que les richesses du langage corrompent la simplicité du Christianisme, eussent chassé les Mages de l'étable de Jésus-Christ, quand ils lui vinrent présenter de l'or. Je suis,

Monseigneur, votre, etc.

Le 12 avril 1639.

A M. BOUTHILLIER[1].

Monseigneur,

Vous pensez ne m'avoir fait qu'une faveur, et je crois en avoir reçu deux, car, à mon compte, c'est un second bien de n'avoir pas désiré que je vous aie demandé le premier, et je n'estime guères davantage ce que vous me donnez que ce que vous m'avez épargné. Un homme qui prie en tremblant, qui se rend au moindre refus, qui a toutes les qualités qui sont nécessaires pour être mauvais courtisan ; vous est bien obligé, Monseigneur, de lui avoir fait grace de tant de craintes et d'inquiétudes qu'il eût eues en vous abordant, et de n'avoir pas eu moins de soin de sa

---

[1] Claude de Bouthillier, surintendant des finances sous Louis XIII; disgracié à la mort de ce prince, il se retira dans ses terres, où il mourut en 1652.

pudeur que vous avez eu d'égard à sa pauvreté.

Ces bontés ne sont point de notre siècle, ni même d'un meilleur que le nôtre; et l'antiquité s'est plainte avant nous d'un certain art de difficulté que les grands exercent en faisant du bien, pour le faire valoir davantage. Ils voudraient de leurs supplians, non seulement des prières et des sollicitations, mais s'ils osaient, ils en voudraient des hymnes et des sacrifices.

Vous agissez, Monseigneur, par un principe plus humain, et tout ensemble plus noble, et l'obligation que je vous ai vient si immédiatement de vous, que je n'y ai pas même contribué par mes desirs, que vous avez voulu prévenir; ce que je pense vous devoir dire pour tâcher de reconnaître cette obligation, c'est, Monseigneur, que je la comprends en toutes ses circonstances.

Je sais qu'aujourd'hui les philosophes sont peu nécessaires à l'Etat; je n'ignore pas que les absens ont grande raison de ne rien espérer de la cour; je vois que les graces se distribuent avec beaucoup de retenue; et les astrologues m'ont assuré qu'il y a une funeste constellation dans le ciel sur les pensions les mieux méritées. Ces considérations m'avaient résolu à ne rien avoir et à ne rien désirer, et je louais même le bon ménage de celui qui m'avait donné de mauvais papiers.

Mais, Monseigneur, vous avez corrigé la malignité de l'influence, et avez adouci les astres pour l'amour de moi. Vous n'avez pas voulu que sous votre Direction je sentisse le malheur du temps, et que j'eusse ma part des pertes publiques. Que dirai-je davantage ? Après avoir considéré et admiré tout cela, tout ce que je puis faire c'est de publier le miracle; c'est de bénir la main qui l'a fait; c'est de vous protester avec le zèle et la dévotion d'une ame sensiblement obligée, que je suis,

Monseigneur, votre, etc,

Le 12 mai 1639.

A M. DE BOURZEYS[1].

Monsieur,

Un gascon dirait que vous êtes introuvable ; pour moi, qui ne suis pas si hardi, je me contente de dire qu'on ne sait où vous trouver. Le service du Roi qui vous promène par tous les déserts de la Marche et du Limousin, est cause que ne vous ayant pu adresser mes lettres en aucun lieu assuré, je n'ai pu encore répondre à celle que vous m'avez fait l'honneur de m'écrire ; mais il n'y a pas moyen de différer davantage. Il faut tirer ce coup au hasard, et recom-

---

[1] Frère d'Amable de Bourzeys, qui était de l'Académie française, et fut employé en diverses affaires importantes, sous les ministères de Richelieu, Mazarin et Colbert ; mort en 1672.

mander ces lignes à la fortune. Si elles vous attrapent, elles vous assureront de la continuation de nos services et du ressentiment qui nous demeure de vos faveurs. Je suis, comme vous voyez, l'interprête de la famille que vous avez obligée de votre souvenir. Elle vous honore toute parfaitement. Mais c'est cette demoiselle que vous estimez si fort; qui vous allègue sans cesse et qui rend de grands témoignages à votre mérite. Si je n'étais bien assuré d'elle, et si je ne savais que sa vertu lui fournit de souverains préservatifs contre les enchantemens, j'aurais peur que vous l'auriez ensorcelée par votre guitare. Mais ne touchons pas davantage à une matière si délicate, il vaut mieux parler des héros que des héroïnes, et de votre parenté que de la mienne. L'honneur que j'ai reçu de monsieur l'abbé de Bourzeys, est un bien que vous m'avez procuré sous un faux donné à entendre, et je vois assez que vous lui avez fait passer pour obligation le desir que j'eusse eu de vous servir. C'est ainsi que la magnanimité traite l'impuissance bien intentionnée, et ce serait en vain que cet admirable frère aurait le trésor des choses et des paroles, s'il n'en faisait riches ses amis. J'en ai eu, de sa grace, ma bonne part, mais je vous en dois principalement remercier, puisque vous en êtes le premier auteur. Il me semble néanmoins, Monsieur, qu'en ceci vous ayez douté ou de ma fidélité ou de votre force. Je n'ai garde de me plaindre de cette violence. Il y a plaisir de se rendre à celui qu'on choisirait, si on se voulait donner. Je suis par inclination,

Monsieur, votre, etc.

Le 25 juin 1639.

A M. DE MONTREUIL[1].

Monsieur,

La relation que vous m'avez faite des premiers succès de votre armée, et la sauvegarde que vous avez obtenue de Monsieur le Grand-Maître, pour la maison de ma sœur, sont des marques de souvenir qui ont quelque chose de plus essentiel que les civilités ordinaires. Je savais assez que vous étiez très-honnête et très-obligeant; mais que vous fussiez si exact et si ponctuel, c'est, à vous le dire vrai, ce que je n'eusse pas attendu d'un ami de vingt-deux ans, qui trouvant par-tout de légitimes sujets de distraction, fait beaucoup plus qu'il ne doit, quand il est bon solliciteur.

Ma sœur se sent extrêmement obligée à votre bonté, et m'a prié de vous en témoigner

[1] Mathieu de Montreuil, poëte français, dont il nous est resté quelques madrigaux très-agréables et des lettres pleines d'esprit.

sa reconnaissance, à laquelle j'ajouterai, s'il vous plaît, la mienne, et vous dirai de plus que vous estimant au point que je fais, j'ai été bien aise de me confirmer en mon opinion par votre lettre, et d'y voir avec quelle intelligence vous savez parler des affaires de la guerre. Je vous la souhaite, Monsieur, aussi heureuse en votre particulier, qu'il y a apparence qu'elle sera glorieuse à monsieur votre Général, si la fortune ne lui fait point de supercherie et ne finit mal des choses qu'il a si bien commencées. Vous aurez part, je m'assure, à ces grandes choses, et il y aura aussi de la gloire à gagner pour vous : mais, s'il est possible, je vous prie que cette gloire soit nette et pure de votre sang, et rapportez vos lauriers au quartier d'hiver. Vous méritez de vivre une belle vie et de paraître dans les fêtes, après vous être fait voir si souvent dans les combats. J'en dis autant à notre très-cher monsieur de la Guette, et suis de tous deux passionnément,

      Très-humble, etc.

Le 3 aout 1639.

A M. DE SAINT-CHARTRES.

Monsieur,

L'affaire de l'évêché pourrait réussir, et les moyens que vous proposez ne sont pas extrêmement difficiles; mais votre ami est résolu de ne se pas même servir des plus faciles moyens. Il connaît trop son indignité, pour être capable de la haute pensée que vous lui voulez mettre dans l'esprit; et il a lu avec trop d'attention les livres que Saint-Chrysostôme a écrits du sacerdoce, pour ne pas appréhender un fardeau qui est redoutable aux forces des anges, il n'oserait dire aux épaules, comme Saint-Bernard; c'est pourtant un fardeau que les plus faibles désirent porter, après lequel courent tant de prêcheurs et auquel visent tant de sermons.

Laissons courir les autres et demeurons en repos. N'employons point l'Evangile ni Saint Paul à solliciter notre fortune ; ils méritent un plus digne emploi. Il vaut mieux être catéchumène toute sa vie et mourir à la porte de l'Eglise, que d'entrer dans le sanctuaire par la brèche qu'y fait l'ambition. Que je me trouve bien du village et de la retraite ! Que j'ai de pitié de l'inquiétude et de la fièvre des prétendans ! Si je n'avais d'autre maladie que celle-là, je me porterais mieux qu'homme du monde, et quoique votre bonne volonté m'oblige dans la rencontre qui se présente, je vous supplie de croire que je suis sans espérance et sans intérêt,

Monsieur, votre, etc,

Le 4 août 1639.

AU R. P. D'ESTRADES[1].

Mon révérend Père,

Si j'étais assez heureux pour me pouvoir approcher de vous, notre amitié serait une des plus belles choses du monde. Vous me rendriez digne d'elle, me rendant meilleur que je ne suis ; j'en tirerais tous les avantages et vous en auriez toutes les charges. Pour un peu de docilité et de bonne disposition que je pourrais y contribuer, vous mettriez en commun une parfaite vertu que vous avez en propriété. C'est ainsi que je l'entends, quand je vous appelle mon parfait ami ; et parlant d'un ami (trouvez bon que je redise ce qu'autrefois j'en ai dit) je ne parle pas d'un compagnon de trafic ou de débauche,

[1] Savant jésuite employé dans les missions.

ni d'un admirateur perpétuel, ni d'un qui sait rendre les visites le lendemain qu'il les a reçues, ni d'un qui sait faire trois réponses à une lettre. Je parle d'un témoin de la conscience, d'un médecin des douleurs secrètes, d'un modérateur en la prospérité, d'un consolateur en la mauvaise fortune. Vous êtes tout cela et quelque chose de plus ; mais le mal est, mon révérend père, que votre éloignement me prive du plus et du moins ; il m'ôte l'usage de tout le bien que vous m'avez fait. Je penserai, partant d'ici, vous trouver à la Rochelle, et une sainte nécessité vous aura jeté à cent lieues de là. Si je fais ces cent lieues pour vous voir, vous m'échapperez peut-être le jour même de mon arrivée, et monsieur l'Archevêque de Bordeaux vous viendra encore enlever avec son armée navale ; vous irez encore sanctifier la guerre en Afrique ou en Asie, si le bien de l'Eglise ou le service du Roi l'exige de vous.

Ainsi cette courageuse piété et ce zèle magnanime, dont vous faites profession ;

s'opposent à tous mes bons desseins, et sont cause qu'il n'y a point d'apparence de vous espérer que par le traité de..., c'est-à-dire par la restitution des choses que la guerre nous a usurpées. Mon impatience ne me sert de rien. Nous ne pouvons vous avoir plutôt, et vous et la paix êtes deux dons de Dieu, qu'il nous enverra en même-tems. Mais à tout le moins, si vous êtes envoyé, je vous prie que ce soit nous qui vous recevions, et non pas les Gascons ni les Rochelois. Vous ne sauriez choisir une retraite de meilleur augure, ni qui fournisse des journées plus calmes et un silence moins interrompu de vos dévotes méditations. Quand cela sera, et que je ne serai pas en peine de vous chercher loin de mon désert, vous pouvez croire qu'un si glorieux voisinage me donnera bien de la vanité, et que je tâcherai bien de mettre à profit une amitié si utile que la vôtre. Les nouvelles assurances que vous avez voulu m'en donner, par des paroles qui sentent la chaleur de l'ancien Christianisme, sont de nouvelles chaînes qui me lient encore plus étroitement à vous, et me forcent, mon révérend Père, mais avec le plaisir de ceux à qui on donne la liberté, d'être, s'il était possible, encore plus que je n'étais.

Votre, etc.

Le 8 octobre 1639.

A M. LE DUC DE LA ROCHEFOUCAULT [1].

MONSEIGNEUR,

Ce m'est une grande honte d'être si proche de vous et de me prévaloir si peu de cet avantage; mais ce me serait une espèce de félonie de vivre sur vos terres, et de me reposer sur votre protection, sans vous en témoigner une pensée de reconnaissance; je suis bien fâché de n'oser dire une action, et je voudrais bien me pouvoir hasarder jusques-là. Mais mon repos étant devenu une impuissance de me mouvoir, il m'est force, Monseigneur, de vous rendre mes devoirs en esprit, et d'être de la cour de

[1] L'auteur des *Maximes* et des *Mémoires de la régence d'Anne d'Autriche*.

Verteuil comme je suis de l'Académie de Paris, c'est-à-dire sans partir d'ici.

Mon indisposition me sème des épines par-tout, elle trouve des précipices dans les beaux chemins ; et les infirmités de la vieillesse m'accablent déja de telle sorte, que, pour peu qu'elles s'augmentent, je n'oserai sortir de ma chambre qu'après avoir fait mon testament.

En cet état à faire pitié, vous voyez assez, Monseigneur, que mes fautes sont plus de nécessité que d'élection, et que je ne suis point coupable de mon malheur. Je perds tant à n'être pas d'ordinaire auprès de vous, et votre personne a tant de qualités à se faire rechercher, séparées de votre condition, que quand je serais naturellement ennemi de la grandeur, je ne serais pas si ennemi de moi-même que je m'éloignasse de mon bien, s'il était en ma puissance de m'en approcher. Il ne faut pour cela que du sens commun et de l'amour propre ; et comme, au jugement de quelques uns, j'ai de cet amour de reste, aussi, à mon avis, je ne manque pas tout-à-fait de la partie raisonnable. Vous me souffrirez, s'il vous plaît, ce petit acte de vaine gloire en cette occasion ; ce sera une grace que je recevrai de vous ; mais vous me ferez d'ailleurs justice, si vous me faites l'honneur de croire que personne n'est dans le cœur plus véritablement que moi,

Monseigneur, votre, etc.

Le 25 octobre 1639.

A M. CONRART.

Monsieur,

J'ai lu avec plaisir les imprimés que vous m'avez fait la faveur de m'envoyer; mais n'y-a-t-il que cela à lire, et ne saurai-je voir par votre moyen, certaines stances secrètes dont j'ai ouï faire un cas merveilleux? Elles sont de monsieur de Serisay, et vous savez qu'il m'a un peu aimé autrefois, comme je l'ai toujours parfaitement estimé. Je n'oserais néanmoins m'adresser à lui en cette occasion; je ne suis pas en état de recevoir de ses faveurs, puisqu'il n'a pas cru que je méritasse la moindre marque de son souvenir. Je vous apprends qu'il est venu dans la province, sans s'être enquis seulement si j'y étais. Le mépris est grand, et l'injure serait sensible à un homme moins accoutumé à souffrir que moi; mais j'ai fait habitude de patience, jusqu'à croire quelquefois que mes amis ont raison quand ils me font tort ; j'aime mieux reconnaître mon indignité que de me plaindre de leur injustice, et supprimer mes ressentimens que de publier mes disgraces. Ne laissez pas, Monsieur, de faire du bien aux indignes, et d'obliger des disgraciés.... Puisqu'il est à présent aussi dévot qu'il a toujours été vertueux, pour obtenir les belles stances que je vous demande, dites-lui que c'est de la part de Saint Paul l'hermite, ou de Saint Hilarion, qu'elles vous ont été demandées. Je m'imagine qu'il n'a pas assez bonne opinion des anachorètes modernes ; et peut-être que sa froideur pour moi vient de celle de mon zèle, et du peu de progrès qu'il m'a vu faire dans la piété.... J'ai eu pourtant commerce avec de grands Saints deçà et delà les monts..... Je suis, de toute mon ame,

Monsieur, votre, etc.

Le 12 mars 1645.

A M. DE ZUYLICHEM[1].

Monsieur,

J'ai reçu votre lettre comme si elle était tombée du ciel, et qu'elle m'en eût rapporté ma bonne fortune. Je parle ainsi à cause que je pensais que vous ne voulussiez plus que je fusse heureux, et parce que je me défie toujours de la durée des biens de ce monde. L'opiniâtreté de votre silence me faisait craindre quelque chose de pis que la discontinuation de notre commerce. Quand je me voulais flatter, je m'imaginais que vous m'aviez oublié sans me haïr, et que votre amitié était morte de mort naturelle. J'ai crié, et ma voix n'a point été écoutée; j'ai écrit des lettres, et je n'ai point eu de réponse; car il est vrai que je vous

[1] Secrétaire des commandemens du Prince d'Orange.

pourrais rendre toutes les plaintes que vous me faites. Je vous pourrais appeler cruel, ou pour le moins dédaigneux, si je n'aimais mieux chercher une cause étrangère de ce manquement, et me prendre aux courriers, aux saisons, à la fortune, au destin et à tout autre plutôt qu'à vous.

A la fin j'ai su qu'il y avait un paquet pour moi à Paris, et la bonne madame *** m'a annoncé une si bonne nouvelle. Mais croiriez-vous bien, Monsieur, que ce paquet a vieilli au logis du messager, et qu'après être arrivé à Paris il s'est fait attendre ici plus de quatre mois ? Il faut sans doute qu'il y ait un démon envieux de mon bonheur, qui n'est occupé qu'à mettre des barrières entre vous et moi, et qui guette sur les chemins tous les présens qui me viennent de Hollande. Il surprend quelquefois vos lettres ; il se contente quelquefois de les retarder, et ne pouvant me faire perdre votre affection, il me traverse tant qu'il peut en la jouissance de vos faveurs.

Néanmoins, en dépit du démon et de ses

malices, voici vos faveurs arrivées au port, après six mois de voyage, et je vous donne avis que j'ai reçu, avec votre belle lettre, le plan de votre belle maison. Pour juger du mérite d'un ouvrage si achevé, il faudrait avoir les yeux plus savans que je ne les ai, et mieux purgés des vapeurs terrestres et de la barbarie de la province ; il faudrait être de Rome, et non pas de ce village, où la nature a véritablement quelques graces et quelques attraits, mais où l'art a été violé d'un côté et d'autre, et a reçu une infinité d'outrages. Au lieu de vos idées de perfection, et de vos chef-d'œuvres de l'esprit et de la main, vous ne remarqueriez ici que des matières confuses, que des monstres et des prodiges de pierre, qui vous feraient peine à les regarder. Il n'y a pas une pièce qui soit en sa place, pas un endroit qui ne blesse la vue de ceux qui voient avec science ; tellement que si vous me faisiez le même honneur, que vous voulez que je reçoive chez vous, je serais contraint, de peur de vous présenter des objets irréguliers, de vous faire dresser une tente sur le bord de ma rivière, après avoir cherché quelque charme pour rendre invisible ma maison. La peinture de la vôtre ne me plaît pas moins que les deux descriptions que Pline le jeune nous a laissées des deux siennes. Vous en devez être extrêmement satisfait, et je vous avoue que vous n'en sauriez parler trop avantageusement. Mais quand elle sera accompagnée de la dissertation qu'ensuite vous me faites espérer, alors certes, vous pourrez dire que vous avez bâti pour l'éternité, et chanter encore plus justement que les poëtes nos chers amis,

Jamque opus exegi, quod nec Jovis ira, nec ignes, etc. [1]

J'ai une grande impatience de voir ce second ouvrage, ce pur ouvrage de votre esprit. Mais quand pourrai-je aller pren-

[1] Enfin j'ai achevé un ouvrage que ne peut détruire ni la colère de Jupiter, ni, etc.

dre possession de l'appartement que vous m'offrez avec des termes si obligeans, et vous assurer, non plus en figure, mais moi-même, que je suis parfaitement,

Monsieur, votre etc.

Le 25 janvier 1640.

A M. DU FERRIER.

Monsieur,

J'ai de grandes obligations à mon père, outre celles de la naissance, mais je crois particulièrement lui devoir beaucoup de m'avoir donné votre amitié; c'est un si riche présent, et d'une chose si rare, que je ne sais s'il m'en pourrait faire un autre de même prix. Il y a stérilité de ces choses-là par toute la terre; et où il se trouve seulement deux hommes, je vois de l'intérêt et des gens qui négocient, mais dans un grand peuple j'ai de la peine à découvrir de l'affection et des personnes qui aiment. Vous aimez, Monsieur, et de la noble façon, puisque c'est sans intérêt et par pure générosité. On ne trafique point avec les hermites; aussi n'ai-je à vous rendre pour vos bons offices que mes bonnes intentions, et une passion vaine et impuissante, pour cette amitié si efficace et qui a été si ingénieuse à nous obliger. Vous en parlerez avec tant de modestie qu'il vous plaira, pour moi je la mets au nombre des biens qui ne sont point sujets aux malheurs du tems ni aux outrages de la fortune. Possédant un vrai ami en votre province, je pense y avoir plus que si j'y avais les trois paroisses que la comtesse Alix donna au bisaïeul de mon trisaïeul. Je me console donc d'être pauvre en Angoumois, puisque par votre moyen je suis riche en Languedoc; et je ne saurais avoir rien perdu en ce pays-là qui vaille ce que vous m'y conservez. Si ma santé me permet de faire le voyage que je médite, je vous expliquerai plus particulièrement mes ressentimens, et vous jurerai, s'il est besoin, que je suis et veux être passionnément toute ma vie,

Monsieur, votre, etc.

Le 30 janvier 1640.

A M. DE ZUYLICHEM.

Monsieur,

Il y a une grace que je désire de votre cour, et que votre crédit peut, à mon avis, me procurer. C'est le congé de monsieur de ***. Son mérite vous étant assez connu, je ne vous représenterai point qu'il sert, il y a plus de dix ans, avec assiduité, et qu'il porte sur sa personne de glorieuses marques de ses services. Je vous assurerai seulement qu'il serait déjà parti pour l'armée, si je ne le retenais de toute ma force, et n'usais de tout le pouvoir que me donne l'amitié, pour lui faire différer son voyage.

Il a des affaires qui lui sont si importantes et qui exigent si nécessairement sa présence, que ce serait les perdre que de les abandonner en l'état où elles sont. Cela néanmoins ne serait point capable de l'arrêter ; et le moindre intérêt d'honneur lui étant plus sensible que toutes les affaires ne lui sont considérables, sans la violence que je lui fais, il romprait les autres chaînes qui le retiennent, et se rendrait à sa charge avant même le quinzième de mars. De sorte que s'il lui arrive quelque mal de ce retardement, dont je suis le conseiller, vous voyez bien de qui il aura sujet de se plaindre, et le peu de satisfaction que j'aurai de mes conseils.

C'est pourquoi tant pour l'honneur de mon jugement, qui est engagé dans l'avis que j'ai donné, que pour le contentement d'une personne que je n'aime pas moins que moi-même, j'implore, Monsieur, non-seulement votre faveur et vos offices, que je sais être très-efficaces auprès de Monseigneur le Prince d'Orange, mais encore vos expédiens et vos moyens, que je n'ignore pas être très-puissans en toutes sortes d'affaires.

Outre que la rigueur des lois reçoit quelquefois du tempérament, et que la justice n'exclut pas les graces, rien n'est impossible à un esprit adroit et intelligent comme le vôtre, qui emploiera utilement l'industrie où il faut épargner l'autorité, et sauvera par quelque voie détournée ce qui se perdrait dans le droit commun.

Monsieur de *** en vous rendant cette lettre, vous entretiendra plus particulièrement sur ce sujet, et vous fera ouverture des biais qui lui semblent les plus propres pour faciliter l'affaire de son ami. Je vous supplie encore une fois de la vouloir entreprendre pour l'amour de moi. Et si vous jugez que mon nom pût avoir quelque force dans votre bouche, et fût assez connu pour être allégué à son Altesse, j'oserais me promettre qu'elle n'aurait point de regret de m'avoir accordé une faveur, que je ferais sonner si haut et aller si loin que peut-être la postérité l'en remercierait. Il y a longtems que j'ai ce grand Prince en vénération; mais s'il désirait que j'eusse pour lui une passion plus tendre et plus délicate ; s'il voulait être l'objet de mon amour, comme il est celui de mon estime, qu'il me serait doux de pouvoir l'appeler mon bienfaiteur, et d'avoir reçu quelque chose d'une personne que je ne laisserais pas d'admirer, quand elle m'aurait ôté ce que j'ai !

Je lui souhaite des lauriers toujours verds et toujours nouveaux, et si la guerre doit finir, une longue et paisible jouissance de la plus pure gloire qui fût jamais ; d'une gloire de laquelle l'ennemi demeure d'accord, et qui ne lui soit pas même contestée par les histoires d'Espagne. Attendant de vos nouvelles je demeure,

Monsieur, votre, etc.

Le 1.er février 1640.

A M. DE BELLEJOYE.

Monsieur,

Quoique vous soyez d'opinion contraire, votre ami a raison de maudire son métier. Il vaut bien mieux être partisan que poëte, et habiter des palais dorés, que chanter le, siècle dor et être logé à l'hôpital.

Torquato Tasso a porté de mauvaises chausses, et a eu besoin de charité. Il demande un écu par aumône, dans une lettre qui se lit encore, et tel ignare que je vous pourrais nommer, compte ses richesses par millions, a pitié de la pauvreté d'un sénateur de Venise, a de quoi acheter une souveraineté, s'il y en avait à vendre.

Que veut donc dire monsieur l'avocat du Roi, de s'amuser à faire des livres ? C'est un contre-temps qui ne se peut excuser, cela me fait croire que les affaires du palais lui laissent un peu trop de loisir, et qu'on se morfond dans son parquet. Mais de plus, que veut-il que je fasse de la première race de nos rois et de son latin sur la loi salique ? Quand il m'enverrait le contrat de mariage de Pharamond et le testament de Mérovée; je monte plus haut, quand il me ferait présent de l'original des douze tables, tant de belles et de rares choses ne seraient pas capables de réveiller ma curiosité assoupie, ne me donneraient pas la moindre tentation du monde de devenir plus savant que je ne suis. J'ai l'ame si dégoûtée du grave et du sérieux, qu'il n'y a que le gai et le plaisant qui puisse la remettre en appétit ; et en l'humeur où je suis, je bâillerais Thémis, toute la jurisprudence et toute la politique, pour une chanson à boire.

Il n'y a plus moyen d'y fournir; on veut trop souvent que j'écrive des lettres dorées, et je viens d'être accablé d'une si grande foule de complimens en diverses langues, que plutôt que de me résoudre à payer mes dettes, j'aime mieux faire banqueroute et renoncer solennellement au grec, au latin et au français; j'aime mieux me faire naturaliser en Basse-Bretagne, et acheter un état d'Élu en la ville de Quimper-Corentin. Il y a plus de quatre nuits que je n'ai fermé les yeux. Ayez pitié, Monsieur, s'il vous plaît, vous et monsieur l'avocat du Roi, de

       Votre, etc.

Le 19 mars 1640.

A M. DE LA VAUGUYON.

Monsieur,

Le jour que vous eûtes la bonté de me venir voir, mon esprit était si abattu d'une mauvaise nuit que j'avais passée, et j'étais si incapable de toute société raisonnable, que si vous ne vous en allâtes avec une très-petite opinion de moi, vous fîtes un acte de très-grande charité.

Depuis ce tems-là, j'ai toujours eu sur le cœur la disgrace de cette malheureuse demi-heure, et me suis souvent imaginé ce que vous pouviez penser du témoignage et de l'approbation du public. Sans doute, Monsieur, vous avez accusé ce public de simplicité ou d'imposture; vous avez dit qu'il s'était laissé tromper par un fort mal habile homme, ou qu'il voulait tromper les autres pour l'amour de lui.

Si je vous estimais médiocrement, je me consolerais de tout ce que vous pourriez dire là-dessus ; mais sachant que vous valez beaucoup, en quelque sens que la valeur puisse être considérée, il faut que je vous avoue, Monsieur, que je suis en peine de ma réputation auprès de vous, et que j'ai peur de l'y avoir tout-à-fait perdue, ou de l'y avoir extrêmement hasardée.

Pour me rhabiller en quelque façon, et essayer de me faire voir par un plus bel endroit que vous ne me vîtes, je me viens d'aviser de vous envoyer le discours qu'on m'a obligé de faire, *de la Conversation des Romains.* Vous y trouverez ce que vous cherchâtes en la mienne ; en tout cas, vous ne sauriez être mal reçu en un lieu où les Consuls et les Dictateurs font l'honneur de la maison. J'estimerai mon travail heureux, s'il vous plaît davantage que je n'ai fait ; mais je m'estimerais bien plus heureux que mon travail, et croirais m'être racquitté de ma perte avec avantage ; si je vous pouvais témoigner avec quel respect je suis,

Monsieur, votre, etc.

Le 28 mars 1640.

A M. DE RAMPALLE.

Monsieur,

Je vous ai estimé avant que je susse que vous m'aimassiez, et quand vous ne m'auriez point fait savoir une si bonne nouvelle, je parlerais de vos vers avec passion, parce qu'en effet ils m'en ont donné. Il y a du feu dans ces vers, qui s'est coulé jusques dans mes veines, et je vous avoue avec quelque honte, que ma vieillesse en a été un peu réchauffée. Je ne le puis dissimuler, ils m'ont chatouillé le cœur, et je parus moins sévère le jour que je les reçus, que je n'étais le jour de devant.

Il est vrai que les histoires que vous décrivez sont de celles qui enseignent à faillir, et qui faisaient perdre les évêchés dans la rigueur de l'ancienne Eglise. Que sait-on même si votre métamorphose ne serait point capable de faire d'autres métamorphoses, de changer les chastes en amoureuses, et le plaisir de lire en tentation de pécher ? Mais je n'ai ni assez de vertu ni assez d'autorité pour vous donner des avis spirituels ; je me contente de vous destiner des matières saintes, et de vous dire sur le sujet de celles qui ne le sont pas, et qui sont si dangereuses entre vos mains, ce que disait une bonne vieille de Rome, lisant les Nouvelles de Bocace : *Plût à Dieu que ceci fût dire ses heures !* Vous voyez par la négligence de cette lettre, que je me suis défait de mon état de déclamateur ; j'ai renoncé absolument au genre démonstratif, et ne me mêle plus d'éloquence ; mais je fais grande profession de vérité, et vous me devez croire, vous protestant que je suis,

Monsieur, votre, etc.

Le 21 mai 1640.

A M. LE C.te DE CLERMONT DE LODÈVE.

Monsieur,

Serait-il bien vrai que mon ami eût perdu sa liberté, et que ce visage de Fabrice [1], qui représente à notre siècle la sévérité de l'ancienne république, se pût adoucir quelquefois aux yeux de quelque Philis ? J'ai bien de la peine à croire une si étrange nouvelle ; et quelle apparence y aurait-il qu'ayant encore ajouté à la mine de la vieille Rome les chapelets et les médailles de la nouvelle, qu'ayant traité tête à tête avec le Pape Urbain, et puisé les bénédictions jusques dans leur source, il ne fût pas revenu confirmé en grace, de ces conférences apostoliques, et n'eût pas voulu boire à cette fontaine de sainteté ?

[1] Caius Fabricius, célèbre capitaine et consul romain.

Il n'y a point d'apparence qu'il ait perdu une si belle occasion de devenir plus parfait, et vous avez beau colorer votre accusation de tout ce qui peut la rendre vraisemblable, par la même raison que j'avoue que vous êtes un éloquent calomniateur, je soutiens que mon ami est un homme de bien, calomnié. Quand je l'aurais vu entrer dans les lieux qui craigne le commissaire du quartier, je n'en aurais pas plus mauvaise opinion que de cette sainte marquise qui va dans les mêmes lieux gagner des ames à notre Seigneur, et je crierais à quiconque en voudrait juger témérairement : *Ne prenez pas l'un pour l'autre, c'est un médecin qui visite ses malades.* Lorsqu'il sera ici, nous verrons s'il n'a point de quoi se venger de la mauvaise réputation que vous lui donnez.

Assurez-vous néanmoins, Monsieur, que tout cela se passera avec le respect qui vous est dû; et s'il n'y a point moyen de faire l'éloge de votre continence sans faire un roman plus fabuleux que ne le permettent les règles de la poésie, je vous promets des panégyriques de ma part et des odes de la sienne, pour vos autres vertus qui ne sont point contestées, et dont je ne suis pas moins persuadé, que je suis véritablement,

Monsieur, votre, etc.

Le 25 juin 1640.

A M. L'HUILLIER.

Monsieur,

Mon oisiveté est perpétuellement occupée, je n'ai ni affaires ni loisir; je ne fais rien et je ne cesse jamais. Ma mauvaise honte m'a imposé cette servitude volontaire, qui m'amuse le plus souvent à des choses inutiles, et m'empêche de m'acquitter des légitimes devoirs; c'est, à mon opinion, ce qui vous justifiera mon silence, et vous obligera de me plaindre au lieu de me condamner.

Je vous dois une lettre il y a long-tems, et la nouvelle de la mort de monsieur de Peyresc exigerait de moi quelque chose de plus qu'une lettre; mais toutes sortes d'offices ne se doivent pas rendre à toutes sortes de personnes ; ce serait offenser la philosophie et douter de la profession que vous en faites, de vous traiter comme les hommes vulgaires, et je vois bien que Sénèque a consolé des femmes et un valet, mais je ne vois pas que personne ait jamais osé consoler Senèque.

Je demeure d'accord avec vous de ce que vous dites de plus haut et de plus magnifique de votre ami ; et si vous me permettez de me servir en français d'une parole empruntée de Grèce, j'ajoute que nous avons perdu en ce rare personnage une pièce du naufage de l'antiquité, et les reliques du siècle d'or. Toutes les vertus des tems héroïques s'étaient retirées en cette belle ame ; la corruption universelle ne pouvait rien sur sa bonne constitution, et le mal qui le touchait ne le souillait pas. Dans une fortune médiocre, il avait les pensées d'un grand seigneur, et sans l'amitié d'Auguste, il ne laissait pas d'être Mécénas.

De sorte qu'après cela je crois aussi-bien

que vous, Monsieur, qu'il sera pleuré de tout ce qu'il y a de grand et d'illustre, de raisonnable et d'intelligent dedans et dehors le royaume. Je m'assure que l'Italie en fera commémoration en ses doctes assemblées, et qu'au siècle des princes Barberins Rome ne peut pas être indifférente pour une mémoire si chère aux Muses. Je ne doute pas même que le Saint Père, qui l'a estimé, ne le regrette.

Mais de toutes ces choses, et de beaucoup d'autres que vous m'écrivez beaucoup plus éloquemment que je ne saurais vous les redire, vous pouvez prendre vous-même la consolation que vous voulez qu'un autre vous donne. Si la perte que vous avez faite ne vous était commune avec cette noble multitude, et si les souverains et les peuples n'étaient intéressés en la votre douleur, vous auriez peut-être trop de peine à la supporter toute entière; mais il y a je ne sais quoi qui chatouille dans les blessures de cette nature; et quand les princes sont mêlés parmi les particuliers, et que Paris se joint aux provinces dans une même société de tristesse, que sert-il de vouloir faire pitié? C'est un deuil qui n'est guères moins beau qu'un triomphe. Les louanges et les acclamations de dehors ôtent toute l'amertume et toute l'aigreur aux regrets et aux plaintes domestiques; et il me semble que la possession de la gloire qui n'est assurée que par la mort, vaut bien trois ou quatre mauvaises années qui pouvaient être ajoutées à la vieillesse.

Ce serait à cette gloire que je m'estimerais heureux de pouvoir contribuer quelque chose, et pour cela je vous offre mes mains et ma peine. Toutefois, Monsieur, il y a assez de mauvais prêcheurs dans le monde, et assez de mauvaises oraisons funèbres; je vous supplie que je n'en augmente point le nombre, et que je ne sois pas de ces ennemis officieux qui persécutent ainsi à bonne intention la patience des vivans et la mémoire des morts. J'ai trop de desirs de vous plaire pour me mettre en hasard de vous ennuyer; ne trouvez donc pas mauvais que je vous obéisse d'une autre façon que vous ne me l'avez ordonné, et que j'aille où vous désirez, mais par où il me semble que je puis aller plus commodément. Faites-le trouver bon aussi à messieurs du Puy [1], qui, à mon avis, ne sont pas moins ennemis que moi des ridicules *hélas*, et des lamentations importunes, et qui préfèrent, si je ne me trompe, le plus court des éloges de Tite-Live, au gros volume de discours funèbres qu'on imprima après la mort du feu Roi.

Je ne laisserai pas, puisqu'ils le veulent ainsi, de faire ma dévotion à part, et je n'ai garde de refuser place dans mes écrits à une vertu qu'ils ont déjà mise dans le ciel. Le contentement de mes amis me sera toujours plus cher que ma propre réputation; et partant, quand je devrais

---

[1] MM. Dupuy, fils de Claude Dupuy, étaient tous trois recommandables par leur savoir et leur probité. On a, de l'un d'eux, une fort bonne *Histoire des Templiers*.

gâter la matière que vous vous figurez que j'embellirai, ne doutez point que je ne sois très-aise de vous témoigner en cette occasion que je suis,

Monsieur, votre, etc.

Le 15 aout 1640.

A M. DE LA NAUVE.

Monsieur mon cousin,

Jusques-ici je vous ai sollicité pour mes amis, mais ce n'était pas pour moi-même; aujourd'hui c'est pour quelqu'un qui m'est plus proche que moi, et je vous recommande quelque chose de plus que ma propre cause, puisque c'est celle de monsieur Chapelain. Je tire tant d'avantage de son amitié, et tant de profit de son exemple, que si j'ai de la consolation dans la solitude, et de la bonté dans un mauvais siècle, je lui ai obligation de l'une et de l'autre. Il m'a fait philosophe et il m'empêche d'être sauvage; je ne saurais lui devoir plus que cela. Je vous demande justice pour la vertu offensée en sa personne; pour les honnêtes gens intéressés en sa cause; pour une probité si pure et si ponctuelle, voire si rigide et si scrupuleuse, que nous pourrions l'opposer avec avantage à celle des premiers tems.

Voilà de grands mots, je le vous avoue. Ils ne me satisfont pas néanmoins, et ma pensée va bien au-delà, quoique mon expression soit contrainte de s'y arrêter. Cette expression, qui n'a pas déplu au Roi de Suède, et qui a fait désirer au Duc de Weymar que je parlasse de lui, ne me fournit rien qui me contente, quand il est question de parler de mon ami. Je la trouve faible dans le témoignage que je vous en rends, et je pense ne lui rendre ce devoir qu'imparfaitement, quoique ce soit de toute mon affection, et avec autant de chaleur et de zèle, que je suis,

Monsieur mon Cousin, votre, etc.

Le 10 septembre 1640.

A M. DE PRIEZAC.

Monsieur,

La demoiselle qui vous rendra cette lettre m'a assuré que je suis votre favori, et se promet de grandes choses de ma faveur, si je vous recommande son procès. Pour moi, je crois volontiers ce que je désire extrêmement, et il ne faut pas beaucoup d'éloquence à me persuader que vous me faites l'honneur de m'aimer.

Si cela est, Monsieur, je vous supplie de témoigner à cette pauvre plaideuse, que votre amitié n'est pas un bien inutile, et que ma recommandation ne gâte pas non plus une bonne cause.

Elle est tourmentée par le plus fameux chicaneur de notre province, et je ne pense pas que la Normandie en ait jamais porté un si redoutable. Son seul nom fait trembler les veuves et met en fuite les orphelins. Il n'y a pièce de pré ni de vigne à trois lieues de lui, qui soit assuré à celui qui la possède. Il pense faire grace aux enfans, quand il se contente de vouloir partager avec eux la succession de leur père. Il habite les parquets et les autres lieux destinés à l'exercice de la discorde; et s'il vous plait que je me serve des termes de notre bon Plaute, *on le voit en ces lieux-là plus souvent que le préteur*. Voulez-vous que j'achève son éloge? C'est *Attila* en petit, c'est *le fleau de Dieu* dans son voisinage, et la plus cruelle persécution qu'ait soufferte le monde et que raconte l'histoire, est venue peut-être d'un moindre principe de tyrannie.

Vous ferez une œuvre méritoire, ou plutôt une action de charité héroïque, si vous contribuez quelque chose au châtiment de cet ennemi public. Vous obligerez en une seule personne mille personnes intéressées. Mais je ne laisserai pas de vous en avoir autant d'obligation que si vous ne considériez que moi, qui vous en supplie, et qui suis passionnément,

Monsieur, votre, etc,

Le 12 septembre 1640.

A M. DU BOURG.

Monsieur,

Que sert-il de perdre de la peine et des couleurs pour tromper un homme qui se connaît ? La perfection de votre art ne corrige point les défauts de ma personne, et vous pouvez me déguiser, mais vous ne pouvez pas me refaire. Je vaudrais infiniment plus que je ne vaux, si je ressemblais à l'original que vous avez peint ; Que ne serais-je, si j'étais celui de qui parle votre lettre ? Mais en voulant faire de moi un héros, vous avez fait de votre lettre un roman. Je ne suis que la matière d'un ouvrage dont toute la beauté vient de vous. Vous me faites souvenir avec remords des vaines occupations de ma vie passée ; ou peut-être vous m'avertissez finement qu'il est tems de penser à quelque chose de meilleur et de plus solide. La qualité de sage que vous me donnez, est un souhait que sans doute vous faites pour moi, mais que vous avez voulu concevoir d'une façon noble et obligeante. Il faut que je travaille à acquérir le bien qui me manque, et à faire réussir votre souhait, pour me rendre digne de vos louanges, et du témoignage de notre ami.

Ce témoignage vous devait pourtant être suspect : je suis son erreur et sa maladie ; et quoiqu'il soit Caton dans toutes les autres causes, il est dans la mienne le plus passionné et le plus corrompu de tous les juges. N'attendez donc point de vérité de lui, lorsqu'il sera sur le chapitre de ma vertu. Croyez-le seulement, quand il vous assurera de la haute estime que je fais de votre mérite, et de la sérieuse profession que je veux faire, d'être autant qu'homme du monde,

Monsieur, votre, etc.

Ce 3 février 1641.

A M. DE BOIS-ROBERT MÉTEL [1].

Monsieur,

Avec votre permission, je commencerai ma lettre par où vous commencez toutes les vôtres, et vous dirai que je suis accablé aussi-bien que vous, encore que ce ne soit pas d'un si beau fardeau.

Je fais profession d'être déserteur de la société civile; je crie à haute voix, et néanmoins ce monde et cette société font semblant de ne m'entendre pas. On veut ignorer un serment que j'ai fait imprimer exprès afin qu'on le sût. Mon silence est troublé tous les jours par l'éloquence d'autrui, et il faut que, pour mes péchés, je sois

[1] François Métel de Bois-Robert, de l'Académie française. Il acquit les bonnes grâces du cardinal de Richelieu, en lui racontant toutes les anecdotes de la cour et de la ville. Mort en 1662.

le tenant contre tous les complimens de France.

Ne saurais-je me défaire de ce malheuheureux métier de faiseur de lettres, qui attire d'une infinité de lieux la persécution sur moi? N'y aurait-il point moyen de le résigner à quelqu'un de nos confrères de l'Académie, qui aimât plus l'emploi et les nouvelles connaissances que je ne fais? C'est une moquerie de n'avoir point d'affaires et d'écrire autant que douze banquiers, d'être un oisif toujours occupé, et un paresseux à qui on ne permet pas même de chaumer les fêtes.

Je voudrais bien me réserver pour le petit nombre, et entretenir correspondance avec quelques personnes choisies ; mais quelle apparence de répondre ponctuellement aux questions qui me viendront de Rouergue et du Gévaudan? de faire l'éloge d'un livre qui m'aura été envoyé de Castelnaudary? de donner mon approbation à du latin de Barbarie et à du français de Basse-Bretagne? de tromper les uns par ma complaisance, et d'offenser les autres par ma franchise ?

Pardonnez à la mauvaise humeur où je suis, je ne croyais pas qu'elle dût aller si loin ; ce sont trois gros paquets qui l'ont irritée, et qui m'ont presque fait oublier ce que je devais à la courtoisie de votre ami ; je lui ferai un long et ample remerciment, mais ce ne saurait être que par le courrier de la semaine prochaine. J'ai besoin de huit jours entiers pour me remettre l'esprit, et pour adoucir l'aigreur de ma rhétorique.

Je suis toujours passionnément,

Monsieur, votre, etc.

Le 7 avril 1641.

A M. DE LA NAUVE.

Monsieur mon cher cousin,

A quoi bon des complimens si étudiés et une si grande profusion de belles paroles ? Il ne vous en faudrait pas davantage pour tromper une maîtresse défiante, ou un ennemi crédule. Il paraît bien que vous avez respiré l'air de Rome; que vous venez nouvellement du pays natal de la rhétorique. Mais quoique vous veniez de ce pays-là, il me semble que vous ne deviez pas vous servir de votre style d'Italie, agissant avec un vieux Gaulois. Ces civilités, qui obligeraient un autre que moi, me sont en quelque façon injurieuses, et vous faites tort à ma passion de croire qu'elle ait besoin de votre éloquence, pour l'entretènement de sa chaleur. Sans faire le vain, je puis dire que je suis un fort bon homme, comme sans vous flatter, je dis que vous êtes extrêmement généreux ; et cela étant, notre amitié peut-elle courir fortune dans notre silence ? dépend-elle d'une douzaine de lignes par mois ? est-elle établie sur un fondement de papier, c'est-à-dire sur une des plus faibles et des plus légères choses de la nature ? Je ne suis pas de cet avis, et bien que je pusse accuser ma paresse et vos affaires de la discontinuation de notre commerce, j'aime mieux la rapporter à la confiance d'une parfaite affection qui, vous assurant de moi et moi de vous, nous dispense l'un et l'autre des petites lois que se fait le monde. Si le paresseux a le bonheur de voir l'occupé, il espère de lui faire goûter ses maximes, lui faisant manger de ses muscats, et de le régaler à la villageoise, avec ce mot de Virgile pour tout compliment : *Mon hôte, ayez le courage de mépriser les richesses.* J'attends au mois de septembre l'effet de votre parole, et suis toujours de toute mon ame,

Monsieur mon cher cousin, votre, etc.

Le 4 juin 1641.

A M. DE VILLEMONTÉE.

Monsieur,

Vous direz peut-être que mon zèle est impatient, mais quand vous devriez dire qu'il est indiscret, il faut que je vous envoie ce porteur, et que je sache par son retour ce que je ne puis ignorer sans inquiétude. Lorsque je partis d'auprès de vous, je vous laissai au meilleur état où l'étude de la sagesse puisse mettre un esprit parfaitement raisonnable, et la lettre que vous m'avez fait l'honneur de m'écrire ne m'apprend rien qui ne vous doive confirmer en cette bonne disposition; je vous avoue néanmoins, Monsieur, que le mot de tristesse que j'ai lu parmi les autres me donne un peu à penser; et en vérité, il me fâcherait qu'une passion endormie et molle comme celle-là, gagnât quelque avantage sur votre vigilance et sur votre fermeté. Il me souvient des sages propos que vous me tîntes dans la fraîcheur de la blessure qui vous cuisait, et vous n'avez pas oublié les grands exemples que vous vous proposâtes, et qui étaient si présens à votre mémoire le jour de notre séparation.

Ceux qui ont laissé ces grands exemples, et sur le sujet desquels nous eûmes un assez long entretien, n'étaient heureux ou malheureux que du bonheur ou du malheur de la république; ils avaient tant d'amour pour leur pays, qu'il ne leur en restait point pour eux-mêmes; ils ne connaissaient point d'autres maux que les mauvaises actions, et le blâme de les avoir faites; ils craignaient les fautes et méprisaient tout le reste.

Si vous n'êtes extrêmement dissimulé, vous êtes dans ces sentimens; ce sont vos principes comme les leurs, et par conséquent, Monsieur, tant que vous ferez le service du Roi avec courage et intelligence, et que votre robe longue lui épargnera une armée au-deçà de la Loire; tant que vous conserverez l'estime de la cour sans perdre l'affection des peuples, je ne saurais croire que vous ayez besoin d'être consolé, ni que le chagrin et les nuages d'une ame affligée puissent durer devant la gloire d'une belle vie.

Celui que je vous ai envoyé m'apportera sans doute la confirmation de tout ceci, et le véritable sens d'un mot que je serai bien aise de n'avoir pas bien entendu. Ma passion est ingénieuse à me donner de la peine, mais votre bonté est, ce me semble, obligée de m'en tirer; et je ne suis mauvais interprète de vos paroles qu'à cause que c'est avec amour, qui n'est jamais sans allarme, que je suis,

Monsieur, votre, etc.

Le 1.er juillet 1641.

A M. DE COUVRELLES.

Monsieur,

Après vous avoir dit que, vous honorant parfaitement comme je le fais, je ne puis pas être médiocrement touché de la perte que vous avez faite, je n'ai garde de m'engager dans le lieu commun des consolations. Je ne prêche point la fermeté à un homme qui s'est tenu droit plus d'une fois sur les ruines publiques, et qui nous a donné des exemples. Vous êtes celui que je voudrais être ; et le *Constanter* de monsieur Huggens, qu'il a pris pour sa devise, parce qu'il se nomme Constantin, vous appartient bien plus justement que si vous n'aviez droit de le prendre qu'en vertu d'une allusion à votre nom.

Je suis, au reste, trop obligé à cet honnête Hollando-Français, du souvenir qu'il a de moi, et des belles paroles qu'il vous a écrites pour me les faire savoir; mais puisqu'il a peur de m'incommoder par des lettres inutiles, il me semble que je dois bien avoir autant de respect pour ses occupations qu'il a de bonté pour ma paresse, et que je ferai sagement de ne point prendre de peine à lui en donner.

Il m'envoya, il y a cinq ou six mois, la figure d'un palais qu'il a fait bâtir, et me manda qu'il m'y préparait un appartement. Puisque je suis si malheureux que de ne vous pouvoir aller rendre mes devoirs jusqu'à Saint-Bris, difficilement passerai-je la mer, pour aller prendre possession de cet appartement qui m'est préparé.

Je suis toujours avec passion,

Monsieur, votre, etc.

Le 2 juillet 1641.

A M. SÉGUIER.

Monseigneur,

Votre bonté est le seul droit que j'aie d'espérer en elle : aussi en vous demandant je ne me fonde que sur ce titre, et je ne pense pas que vous le vouliez accuser de faux. Je ne vous représente point des services rendus, je vous allègue des graces reçues et plusieurs vieilles faveurs pour en obtenir une nouvelle. Je vous ferais volontiers, Monseigneur, l'histoire de vos bienfaits, pour vous faire souvenir du lieu où ils ont coutume d'aller, et du plaisir que vous avez pris à envoyer la manne au désert. Mais il ne faut pas tirer en exemple les histoires singulières, ni abuser des présens du ciel; je ne vous demande donc pas toujours de vos grands miracles ; je vous dirai seulement que j'attends toujours de vous votre ordinaire protection; et vous ne trouverez pas mauvais, qu'avec tout le respect que je vous dois, et toute la reconnaissance dont je suis capable, je l'implore aujourd'hui pour une personne qui m'est proche par l'étroite liaison du sang, mais dont les intérêts me sont encore plus chers par le sacré nœud de l'amitié. Cette personne vous fera savoir le mérite de sa cause, s'il vous plaît de lui faire l'honneur de l'écouter; et si son propre mérite pouvait être appuyé par mon témoignage, en vous assurant que c'est un officier qui a vieilli dans sa charge avec réputation d'intelligence et de probité, je ne vous assurerais rien qui ne vous pût être confirmé par la voix commune de notre province.

J'ose me promettre, Monseigneur, que vous ferez quelque fondement sur mes paroles, et que je ne serai ni témoin ni intercesseur inutile auprès de vous; et bien que quand je songe à m'approcher de votre personne, la majesté de l'état qui l'environne me dût effrayer en m'éblouissant, votre bonté néanmoins, qui est le tempérament de votre puissance ", me donne courage de me hasarder encore d'aller jusques-là. Je veux croire qu'en l'occasion présente je pourrai vous adresser des vœux avec succès, puisqu'aux occasions passées vous n'avez pas attendu que je vous en fisse pour me faire des gratifications, et que c'est de votre pure et libre choix que je suis,

Monseigneur, votre, etc.

Le 4 septembre 1641.

A M. LE PRÉSIDENT DE PONTAC.

Monsieur,

La facilité attire la persécution, et vous serez importuné de nouveau, parce que vous avez apprivoisé un importun. Il est dangereux de laisser faire progrès à ces gens-là, et de ne leur pas disputer les premières avenues.

Il y a d'autres gens, Monsieur, qui prennent les civilités pour des actes passés pardevant notaires, et prétendent qu'on leur garantisse jusqu'aux souhaits qu'on a faits pour eux. Je ne suis pas tout-à-fait de ces injustes prétendans, qui exigent les graces en créanciers; mes sollicitations aussi sont un peu moins violentes que celles de ces importuns déterminés, qui perdent la honte pour gagner leur cause.

Mais véritablement ne pouvant douter ni

de la solidité de ce que vous dites, ni de l'étendue de ce que vous pouvez, je ne saurais vous nier que je ne fasse grand fondement sur le secours que vous nous avez promis, et que je n'attende de votre protection toute la bonne fortune de notre bon droit.

Autrefois les Dieux et Caton furent de contraire avis dans la plus importante cause qui fût jamais ; j'espère qu'en cette-ci, qui n'est pas de telle importance, ils s'accorderont pour l'amour de moi. Je veux dire, Monsieur, qu'un Caton plus doux et plus gracieux que ce Caton qui disait injures à la fortune, nous la pourra rendre favorable en cette occasion et portera bonheur à une affaire qu'il entreprendra. Pardonnez-moi la liberté de ce dernier mot, c'est encore votre facilité et votre bonté qui me le dictent, et je prends cœur outre cela, de la violente passion avec laquelle je suis et veux toujours être,

Monsieur, votre, etc.

Le 15 décembre 1641.

A M. DE LA THIBAUDIÈRE.

Monsieur,

Je viens d'apprendre qu'on vous a vu à six lieues d'ici, et vous serez peut-être assez bon pour me venir dire vous-même de vos nouvelles. Mais cependant, si l'orage de vos troupes s'approchait de nos villages, et que celui de ma résidence en fût menacé, vous savez bien ce que j'ai droit d'exiger de vous en telle occasion. Je vous demande toute la faveur que vous avez auprès de monsieur le marquis d'Aumont, et vous ordonne de faire de mes intérêts les vôtres propres.

L'amitié est imperieuse et ses termes sont absolus ; vous avez lu les grandes choses qui ont été écrites par Cicéron, par Lucien et par nos autres bons amis de l'antiquité. Je prétends d'être aimé de vous de cette belle manière, quoiqu'elle ne se trouve plus que dans les histoires, et que je sache que le bruit commun ne favorise pas en ceci votre vertu. Il vous accuse de sentir peu les douleurs d'autrui, et d'être guéri d'une infirmité dont il est honnête d'être malade. Mais quand il ne vous accuserait pas à faux, je veux croire que ce serait moi qui vous rendrais les passions que la philosophie vous aurait ôtées, et qui ferais la première brèche dans votre cœur. Le bruit commun a pourtant menti et la renommée vous calomnie ; ce cœur est entamé pour moi il y a long-tems, et il est certain que je ne suis pas moins votre cher et bien aimé, que je suis,

Monsieur, votre, etc.

Le 15 janvier 1642.

A M. L'HUILLIER.

Monsieur,

J'en crois encore plus que vous ne m'en avez ecrit. Je ne doute point que le deuil n'ait été général au lieu où vous êtes, et que vous n'ayez fait pleurer le parlement, la garnison et le peuple. Votre éloquence rend votre douleur contagieuse ; pour moi, qui crois avoir perdu un ami aussi bien que vous, en la personne de monsieur d'Aligre, je n'ai eu besoin ni d'exemple ni de persuasion pour être excité à lui rendre mes tristes devoirs, et avant que j'eusse reçu vos lettres,

J'avais nommé cruels les dieux et le destin.

Si vous en désirez davantage, et si je puis contribuer en quelque chose à la consécration d'une mémoire qui m'est déjà si sainte, vous savez bien que vos desirs me tiennent lieu de commandemens, et je vous promets de ne m'épargner pas en cette occasion. Je serai très-aise de faire un acte d'obéissance en faisant une œuvre de piété, et j'invoque dès à présent nos Déesses, afin qu'elles me dictent des lignes qui puissent durer, au-lieu que la vanité des hommes taille des marbres qui périront. Je suis,

Monsieur, votre, etc.

Le 18 janvier 1642.

A M. DE BAYERS.

Monsieur,

Si j'eusse plutôt su votre perte, je vous eusse plutôt témoigné la part que je prends en votre douleur; j'en viens d'apprendre le sujet dans la gazette, et ne doute point, quelque fort et muni de constance que vous soyez, que vous n'ayez été touché du coup qu'a reçu votre maison, et qui sera senti de toute notre province.

Sans offenser la nature, la raison ne peut mettre pareils accidens au nombre des choses indifférentes; la tendresse de l'ame n'est pas incompatible avec la fermeté de l'esprit; et ceux qui ont vu couler leur propre sang sans émotion, ont eu pitié de celui de leurs proches et de leurs amis.

Mais après tout, Monsieur, la guerre ne se fait point d'une autre façon, et il y a toujours eu du deuil et des larmes du côté même de la victoire. Espérons qu'elle ramènera au logis celui qui fait parler d'elle si souvent, et gardons-nous bien de désirer l'empire du monde, s'il nous devait coûter une si chère vie que la sienne. Il faut que dans cette vie vous trouviez de la consolation pour toutes les morts; et ce grand parent que vous avez vous doit tenir lieu de tout ce que vous n'avez plus. C'est un sujet perpétuel de satisfaction et de gloire avec lequel il n'y a point d'apparence que vous vous plaigniez ni que je vous plaigne.

Je le fais néanmoins, Monsieur, pour obéir à la coutume; et sachant que la partie de l'ame qui souffre est plutôt frappée que celle qui raisonne n'a paré le coup, j'ai cru qu'il fallait entrer dans votre ressentiment. Je veux espérer que vous goûterez à l'avenir des joies toutes pures, et que le ciel qui vous aime, vous garde des succès dans lesquels votre modération vous sera plus nécessaire que votre constance; pour le moins, je le vous souhaite de tout mon cœur, étant, comme je suis très-véritablement,

Monsieur, votre, etc.

Le 5 juin 1642.

A M. GIRARD.

Monsieur,

Je faut que vous soyez bien déterminé d'avoir entrepris le voyage de Paris avec le messager de Bordeaux. Je suis en peine du succès de votre témérité; et si vous ne vous êtes muni d'un parasol, aussi large que le bouclier d'Ajax, j'ai peur que vous aurez eu sujet de vous plaindre de la trop grande clarté du mois de juillet.

*Vos Auræ, Aoniis placidæ de montibus Auræ,
Æstum illi lenite, gravem lenite laborem*[1].

On ne saurait faire un vœu plus délicat pour une maîtresse. Mais d'appeler le frais de si loin; et le faire venir de Grèce en France,

---

[1] Doux zéphirs, accourez du haut des montagnes consacrées aux Muses; rafraîchissez l'air qu'il respire, et rendez-lui son voyage moins pénible.

je ne sais si cela se peut sans un miracle d'Apollon, qui ne m'exauce pas toutes les fois que je lui adresse des vœux. Quoi-qu'il en soit, agréez la bonne intention de votre ami, et ne trouvez pas mauvais que je vous aie souhaité sur la levée de la rivière de Loire et dans les plaines de Beauce, la même douceur que je respire ici le soir au bord de notre canal. Je dis le soir, car après cela il n'y a plus de douceur pour moi. Je couche toujours sur des épines, je passe toujours de mauvaises nuits; et néanmoins, puisque j'ai commencé de rire, je suis résolu de continuer. Il vaut mieux vous faire part de mes consolations, que de vous ennuyer de mes plaintes.

C'est moi en effet, qui réveille toujours l'Aurore; qui me trouve toujours avec les Heures lorsqu'elles ouvrent la porte du Ciel; qui cueille toujours cette première fleur du jour, dont les poëtes ont dit de si belles choses.

On parle ainsi magnifiquement de sa misère; il faut flatter des maux qu'on n'a su guerir, afin de voir si la charlatanerie réussira mieux que la médecine. Ne pouvant être heureux par le sommeil, je tâche de prendre de mes veilles tout le plaisir qu'elle me peuvent donner.

*Sic vigilo comes astrorum, falloque dolores
Ipse meos, mihi sic noster dat ludere Phœbus.*[1]

Pour le moins, il me donne de quoi vous faire une lettre sans matière. Car si j'eusse voulu, je pouvais finir par le commencement, comme ce grand personnage commençait autrefois par la fin. Je pouvais vous dire d'abord, et ne rien oublier de ce que j'avais à vous dire, que je suis,

            Monsieur, votre, etc.

Le 30 juillet 1642.

[1] Ainsi je veille à la clarté des astres, cherchant à tromper mes douleurs dans les jeux aimables que me permet Apollon.

A M. SÉGUIER.

Monseigneur,

Si les affaires du Roi vous laissent quelque intervalle de relâche pour les promenades de Chaillot, Monsieur de **** vous présentera de quoi vous y divertir une demi-heure, et vous trouverez dans une prédiction de mes Muses, le bon conseil qu'elles donnèrent à celui qui s'en est si mal servi. Vous verrez, Monseigneur, qu'elles avertirent ce pauvre mortel de sa prochaine ruine, quand il fut si téméraire que de perdre le respect qu'il devait aux Dieux.

Les lois ont parlé autrefois en rimes, ou pour le moins en langage mesuré ; Anacharsis et Solon ont fait des vers ; nous en avons un volume de monsieur le Chancelier de l'Hôpital, et si le faix de l'État, qui pèse plus qu'il ne fit jamais, vous permettait de respirer aujourd'hui si doucement, nous laissant des fruits de votre loisir, vous nous laisseriez des chefs-d'œuvres de votre art. Vous le savez en perfection, comme les autres choses dignes d'être sues, et cette parfaite connaissance fait, Monseigneur, que vous êtes ici comme ailleurs, notre dernier et souverain juge.

Les Académies, aussi bien que les Parlemens, tiennent à honneur de vous avoir pour leur chef; toutes sortes de tribunaux sont subalternes du vôtre. Et qui sera le superbe poëte qui fasse difficulté d'acquiescer à une autorité si intelligente, qui ne soumette ses doutes et ses soupçons à des oracles si certains et venus si immédiatement du Ciel ? Nous vous regardons non-seulement comme notre protecteur, mais aussi comme notre exemple, et par cette double raison nos vers, notre prose, nos vœux, nos hommages vous sont dûs. Mais en attendant que je vous rende les miens avec plus de solennité, vous me ferez bien l'honneur de vous souvenir qu'il y a un hermite au Désert, qui est votre courtisan dans le cœur; qui vous bénit sans cesse, quoiqu'il ne vous écrive que rarement, et quand il vous écrirait tous les jours, qui sera toute sa vie, Monseigneur, avec plus de vérité que de montre, et plus de zèle que d'intérêt,

Votre, etc.

Le 8 août 1642.

À M. DE VILLEMONTÉE.

Monsieur,

Je ne vous conterai point les aventures de la personne qui vous a parlé, aussi malfaisante que mal faite; je vous dirai seulement que je ne pense pas que son témoignage soit plus recevable que le mien; et bien que je le vous rende dans une affaire qui me regarde, vous avez assez bonne opinion de ma probité et de ma discrétion, pour croire que je ne voudrais ni vous représenter d'intérêt injuste, ni vous faire de prière incivile.

Je vous supplie donc, Monsieur, de vouloir considérer que ce lieu, qui a beaucoup de réputation, a très-peu de revenu. L'Itaque d'Ulysse a été célèbre, et néanmoins ce n'était qu'un nid attaché à un rocher; la mienne, comme vous pouvez penser, est quelque chose de moins. C'est peut-être un agréable désert, mais non pas une riche paroisse. Les chemins y sont fort beaux, et les terres fort mauvaises; et par conséquent dans ces terres il y a plus de quoi rêver à un philosophe, que de quoi recueillir à un père de famille. Jusques à présent les gendarmes les ont regardées sans y toucher; je vous demande aujourd'hui protection contre des ennemis désarmés [1]. Avec des baguettes et des morceaux de papier, ils se font plus craindre que les Croates. Leurs écritures n'ont rien de commun avec les miennes; la langue qu'ils parlent m'est inconnue; et de l'autre côté, ils n'ont connaissance ni de l'humanité, ni de la raison.

Ils apprendront de vous, s'il vous plaît, Monsieur, ce que c'est que la justice distributive; et je m'assure que vous me ferez la faveur de remettre les choses dans les termes où elles doivent être raisonnablement. Outre

[1] Il s'agit probablement des préposés aux impositions.

que ce sera proportionner la charge à la faiblesse de celui qui la peut porter, ce sera encore obliger sensiblement un des plus passionnés partisans de votre vertu, un homme qui vous loue de toute sa force, et qui est de toute son ame,

Monsieur, votre, etc.

Le 20 août 1642.

AU R. P. ADAM.

Mon révérend Père,

Vous m'avez extrêmement obligé de ne me pas manquer de parole et de m'envoyer vos quinze sermons. Ils seraient dignes des oreilles de la cour ; il sont à l'épreuve de ma chicane, du côté même de la diction et des particules ; ils n'ont guères moins de force sur le papier, que quand vous les animiez de l'éloquence du corps, et qu'ils nous laissaient dans l'esprit tant d'émotion et tant d'aiguillons.

Continuez à vous signaler en cette noble carrière, où vous avez déjà acquis beaucoup de réputation. Vos commencemens ont été très-éclatans ; votre progrès l'est encore davantage ; et je ne doute point que si vous

vous fortifiez par la sérieuse lecture des Pères et par la solide connaissance de l'histoire de l'Eglise, vous ne laissiez derrière vous ceux qui courent à la gloire de toute leur force, et cela sans perdre votre humilité.

Jusques-ici je vous réponds avec plaisir ; mais que voulez-vous dire, je vous prie, après l'envoi des quinze sermons ? Que signifient ces reproches de rhétoricien, ces termes ambigus et figurés, ces subtiles et délicates plaintes de votre lettre ? Vous avez tort, mon révérend Père, si vous vous imaginez que vos intérêts ne me soient pas chers, et que j'aie été froid en une occasion où je devais témoigner de la chaleur. Assurément on vous a mal informé des circonstances de la chose ; et pour user des termes du fondateur de l'Académie française, il faut que quelque *pétulant exagérateur* vous ait amplifié une affaire de néant, pour donner de l'inquiétude à votre esprit. Le révérend père Gombauld sait la part que je prends en tout ce qui vous regarde, et à quel point j'estime votre vertu. Ce sera lui qui vous justifiera mon procédé, et je me contenterai de vous assurer que je suis très-véritablement,

Mon révérend Père, votre, etc.

Le 15 janvier 1643.

A M. CORNEILLE.

Monsieur,

J'ai senti un notable soulagement depuis l'arrivée de votre paquet, et je crie miracle dès le commencement de ma lettre. Votre Cinna guérit les malades ; il fait que les paralytiques battent des mains ; il rend la parole à un muet, ce serait trop peu de dire à un enrhumé. En effet, j'avais perdu la parole avec la voix, et puisque je les recouvre l'une et l'autre par votre moyen, il est bien juste que je les emploie toutes deux à votre gloire, et à dire sans cesse, *la belle chose !*

Vous avez peur néanmoins d'être de ceux qui sont accablés par la majesté des sujets qu'ils traitent, et ne pensez pas avoir apporté assez de force, pour soutenir la grandeur romaine. Quoique cette modestie me plaise, elle ne me persuade pas, et je m'y oppose pour l'intérêt de la vérité. Vous êtes trop subtil examinateur d'une composition universellement approuvée ; et s'il était vrai qu'en quelqu'une de ses parties vous eussiez senti quelque faiblesse, ce serait un secret entre vos Muses et vous, car je vous assure que personne ne l'a reconnue. La faiblesse viendrait du défaut des instrumens et non pas de la faute de l'ouvrier ; il faudrait en accuser l'incapacité de notre langue. Vous nous faites voir Rome tout ce qu'elle peut être à Paris ; ce n'est point une Rome de Cassiodore, et aussi déchirée qu'elle était au siècle des Théodorics[1], c'est une Rome de Tite-Live, et aussi pompeuse qu'elle était au tems des premiers Césars. Je dis plus, Monsieur, quand vous trouvez du vide, ce que vous prêtez à l'histoire est toujours meilleur que ce que vous empruntez d'elle. La

---

[1] Théodoric, premier roi des Goths en Italie ; son règne fut signalé par plusieurs actes de cruauté, tels que le supplice de Symmaque et de Boèce. Il eut pour ministre Cassiodore, écrivain peu estimé.

femme d'Horace et la maîtresse de Cinna, qui sont deux pures créatures de votre esprit, ne sont-elles pas aussi les principaux ornemens de vos deux poëmes ? Et qu'est-ce que la saine antiquité a produit de vigoureux et de ferme dans le sexe faible, qui soit comparable à ces nouvelles héroïnes, à ces Romaines de votre façon ? Je ne m'ennuie point depuis quinze jours, de considérer celle que j'ai reçue la dernière.

C'est à mon gré une personne si excellente, que je pense dire peu à son avantage, de dire que vous êtes beaucoup plus heureux en votre race que Pompée n'a été en la sienne, et que votre fille Emilie vaut sans comparaison davantage que Cinna son petit-fils. Si cettui-ci même a plus de vertu que n'a cru Sénèque, c'est pour être tombé entre vos mains, et à cause que vous avez pris soin de lui. Il vous est obligé de son mérite, comme à Auguste de sa dignité; l'Empereur le fit Consul, et vous l'avez fait honnête homme ; mais vous l'avez pu faire par les lois d'un art qui polit et orne la vérité, qui permet de favoriser en imitant, qui quelquefois se propose le semblable, et quelquefois le meilleur. J'en dirais trop, si j'en disais davantage, je ne veux pas commencer une dissertation, je veux finir une lettre, et conclure par les protestations ordinaires, mais très-sincères et très-véritables, que je suis,

Monsieur, votre, etc.

Le 17 janvier 1643.

AU R. P. VITAL THÉRON.

Mon révérend Père,

Vous faites des plaintes de votre vieillesse, et je suis résolu d'en faire l'éloge. Je veux louer publiquement cette vieillesse privilégiée et chérie du ciel, libre et exempte de tous les mauvais tributs que les autres payent à la nature, proposée en exemple à l'ambition et au courage de nos jeunes gens. Les hivers de Naples me la représentent, ces hivers tout pleins de lumière et tout couronnés de roses.

Il faut donc que je me dédise du mauvais mot que j'ai avancé autrefois comme une proposition d'éternelle vérité, *qu'il ne se voit point de belle vieille*. Pardonnez-moi cette parole téméraire, je ne connaissais pas alors votre muse, qui fait mentir ma proposition et décrie un proverbe, à qui je pensais pouvoir donner cours. Sa vieillesse n'est pas le déclin de sa beauté, c'en est la confirmation par le propre suffrage du tems, par l'aveu du présent aussi bien que du passé; ce n'est pas une marque de la victoire des années sur elle, c'est un trophée de sa résistance et de sa force contre les années. Je le dis comme je le pense ; mais si j'étais aussi courageux que les auteurs de votre pays, j'en dirais bien davantage; je dirais qu'en l'âge d'Hécube elle a autant d'amans qu'Hélène en avait dans la fleur de sa jeunesse; mais je me contente de parler pour moi, qui suis le plus passionné de tous, et autant qu'homme du monde,

Mon révérend Père, votre, etc.

Le 4 mars 1643.

A Mme LA DUCHESSE DE*****.

Madame,

Il y a dix ans que vous n'avez eu de mes nouvelles, et j'ai reçu aujourd'hui une lettre de votre part, très-civile, très-obligeante, très-digne de votre parfaite générosité. Je considère cet honneur comme une grace du ciel arrivée à un homme qui ne prie point Dieu. Il ne fait ni vœu ni sacrifices, et son indévotion ne laisse pas d'être heureuse ; elle reçoit ce que mérite la piété.

Vous avez de ces bontés du ciel, parmi les malices de la terre ; vous cherchez, Madame, les sauvages qui vous fuient.

Il ne faut pas néanmoins prendre tant de peine à se donner mauvaise réputation, ni se décrier avec tant de soin. Sans doute, Madame, vous avez plus d'égard au fond des choses qu'à leur dehors. Vous avez le don de voir les ames, et vous voyez par conséquent que le secret de mon cœur me justifie de toutes les mauvaises apparences qui me condamnent. C'est un lieu que je vous conserve toujours, quoique je ne vous en rende jamais compte. Tout y est plein de zèle et de révérence pour votre vertu ; et si les actes extérieurs n'étaient de l'essence du vrai culte, je voudrais disputer au plus assidu de vos courtisans la gloire d'être plus à vous qu'il ne pense l'être.

Cela étant, Madame, ne vous imaginez pas que je puisse délibérer sur une proposition qui regardera votre service ou votre contentement, ni qu'il me faille pousser pour me faire entrer dans vos passions ; je désirerais qu'elles fussent moins justes qu'elles ne sont, afin que mon obéissance fût plus pure qu'elle ne sera, et que vous vissiez que je sais faire votre volonté, sans interpréter vos commandemens.

Le gentilhomme qui m'a parlé en me rendant votre lettre, vous confirmera ce que je vous dis, et vous fera son rapport des choses qu'il a déja vues; je les avais commencées sans que je susse votre desir. La fin suivra bientôt le commencement, et quand vous me ferez l'honneur de jeter les yeux sur mon travail, vous agréerez, je m'assure, ma dévotion. Elle ne laissait pas d'être, encore qu'elle ne parût pas, et j'ai été, comme je serai toute ma vie et de toute mon ame,

Madame, votre, etc.

Le 14 mars 1643.

AU R. P. VITAL THÉRON.

Mon révérend Père,

Est-ce bien moi de qui vous avez chanté de si belles choses? J'ai de la peine à le croire; et quoique mon ami me l'assure et que je lise mon nom dans vos vers, je ne sais s'il n'y a pas un autre Balzac plus digne de cet honneur. Peut-être que je ne suis pas le véritable, et que je dois ma bonne fortune à un équivoque. Il me souvient néanmoins d'avoir ouï dire que c'est un des passe-tems de Jupiter, d'enrichir la pauvreté et d'élever la bassesse; après quoi je ne m'étonne pas que les Muses soient de l'humeur de leur père, et qu'elles veuillent prendre le même divertissement que lui.

Vous avez donc ennobli par votre plume une vision qui vous est venue à mon avantage ; vous avez fait l'apothéose d'un homme vivant, d'un homme qui n'a point de légions, qui n'est point vêtu de pourpre, qui ne vous a point fait bâtir de collége ; et encore vous avez apporté plus de pompe et plus d'ornemens à cette apothéose désintéréssée, qu'il ne s'en trouve dans celle qui nous reste de l'antiquité, et qu'Hérodien[1] a si magnifiquement décrite.

C'est trop de beaucoup, mon révérend Père ; quand mon esprit serait modéré, ma prospérité est déréglée, et j'appréhende avec raison la jalousie de cette Déesse, qui s'appelle, en la langue de vos vers, la terrible Némésis. Elle punit les heureux aussi-bien que les superbes, et ne souffre pas volontiers que les fêtes s'achèvent sans les troubler. Mais n'y aurait-il pas moyen que pour son droit, et pour le tempérament de mon bonheur, elle se voulût contenter d'une douzaine d'accès de fièvre et de trente onces de sang, qui sont déjà sor-

[1] Historien grec qui rapporte les cérémonies en usage à l'apothéose des Empereurs romains.

ties de mes veines par arrêt du médecin? Si j'en étais quitte pour cela, je prendrais mon mal pour un remède, et croirais avoir bon marché de vos louanges. Etre loué du père Theron, est-ce un bien qui se puisse acheter trop chèrement?

Pour un avenir si glorieux, pour tant de siècles de bonne réputation, pour l'éternité que vous m'assurez, il est bien raisonnable que je sois parfaitement toute ma vie,

Mon révérend Père, votre, etc.

Le 20 mars 1643.

AU R. P. DALMÉ.

Mon révérend Père,

Ou je me suis mal expliqué, ou notre ami ne m'a pas bien entendu; quoi qu'il en soit, j'ai du déplaisir de la corvée qu'il vous a fait faire. Il a tort d'avoir abusé de la sorte de cette bienheureuse fécondité que le ciel a donnée à votre Muse. Il ne la faut pas mettre à tous les jours; elle mérite d'être réservée pour les grandes fêtes, et vous en êtes vous-même mauvais ménager d'avoir fait tant de beaux vers au hasard, et d'être allé si loin, pour laisser le but derrière vous. Une chose qui me plaît dans cette peine ingrate que vous avez prise, c'est qu'elle vous a donné occasion de m'écrire une lettre véritablement latine, et digne de la pure antiquité. Je l'ai lue plusieurs fois avec plaisir, et sans mes fâcheuses occupations et ma mauvaise santé ; vous auriez vu d'abord, en la même langue, l'estime que je faisais de la connaissance exquise que vous en avez.

Persévérez, je vous prie ; opposez-vous fortement à la vicieuse imitation de quelques jeunes docteurs, qui travaillent tant qu'ils peuvent au rétablissement de la barbarie. Leurs locutions sont ou étrangères ou poétiques, leurs périodes sont toutes rimes et antithèses. S'il y a dans les mauvais livres un mot pourri de vieillesse ou monstrueux par sa nouveauté, une métaphore plus effrontée que les autres, une expression insolente et téméraire, ils recueillent ces ordures avec soin, et s'en parent avec curiosité. Ils croient en être bien plus beaux et bien plus agréables qu'ils n'étaient auparavant. Voilà une étrange maladie et de vilaines amours !

Que pensent-ils faire, de préférer à des Sénateurs et à des Consuls de la république, tous nobles et tous brillans de leur pourpre, de pauvres esclaves déchirés, les restes de la guerre et de la persécution, qui, après la ruine de la même république, sont venus gueuser et porter leurs haillons dans les provinces ? Vous connaissez bien à ces deux différentes images, d'un côté notre Tite-Live, notre Salluste, notre Cicéron ; et de l'autre leurs Cassiodores, leurs Symmaques et leurs Apulées, *cæteraque id genus, ut meus ait Damon, dehonestamenta latinitatis* [1]. Je leur souhaite de meilleures et de plus saines pensées, et voudrais bien voir la fin de leur rébellion contre les vrais et les légitimes neveux de Rémus. Je vous demande à vous, mon révérend Père, les bons exemples que vous nous pouvez donner, mais sur-tout je vous demande vos bonnes graces, et vous supplie de me croire, comme je le suis véritablement,

Votre, etc.

Le 3 avril 1643.

[1] Et tous ceux qui, pour me servir de l'expression de Damon, font le déshonneur de la latinité.

A M DE GOMBERVILLE [1].

Monsieur,

La Sainte-Écriture appelle la Mort le royaume du silence et la terre de l'oubli. Faisons voir que nous ne sommes pas encore de ce pays-là. Servons-nous de l'usage de la parole et de la commodité du courrier, pour le moins de dix ans en dix ans. Qu'il paraisse quelque signe de vie en notre amitié, par un petit mouvement du cœur, par un demi-mot de souvenir, par une vieille formule qui soulagera de peine votre rhétorique, par cet ancien et célèbre *Si vales bene est, ego quidem valeo* [2].

---

[1] Un des premiers beaux-esprits qui furent choisis par le cardinal de Richelieu, lorsqu'il fonda l'Académie française.

[2] Si vous êtes en bonne santé, tant mieux; pour moi je me porte bien.

Le seul avantage que j'ai sur vous, c'est d'avoir commencé le premier ; car je suis assuré que vous me voulez du bien, et Dieu me garde de mettre ni votre bonne volonté, ni rien du vôtre au nombre des choses périssables. La longueur du tems n'a point de rouille qui puisse gâter les affections des philosophes ; ces gens-là vont tout droit à l'éternité et à la perfection ; et vous particulièrement, Monsieur, qui puisez sans cesse dans les premières et les plus hautes idées, puisque vous savez faire des mondes plus beaux et meilleurs que celui que nous voyons, sans doute vous avez en vous le principe de cette perfection que vous communiquez à votre matière. Il n'y a point d'apparence que le père des demi-dieux soit sujet aux infirmités humaines, et que vous manquiez de générosité, après en avoir tant donné à Polexandre, à Phélismon [1] et à plusieurs autres. Je suis si persuadé de la vérité de cet article, que je n'ai point fait difficulté

---

[1] Personnages des romans composés par Gomberville.

de promettre vos bonnes graces au cavalier qui vous rendra cette lettre, sur l'assurance que j'ai que c'est un dépôt qu'il trouvera où je l'ai laissé, et que vous m'avez gardé sûrement depuis un si grand nombre d'années. On vivait ainsi au siècle d'or, et je vous supplie de croire, qu'avec toute la franchise et toute la sincérité de ce siècle-là, je suis,

Monsieur, votre, etc.

Le 4 septembre 1643.

AU R. P. HERCULE.

Mon révérend Père,

Je loue Dieu de ce que vos courses sont finies, et que vous êtes arrivé en lieu de repos. Une si bonne nouvelle m'a trouvé dans un si mauvais état que, comme vous voyez, il m'a fallu différer plus de deux mois à vous en féliciter. J'avais tout l'hiver et tous ses nuages dans la tête; je n'avais ni de voix distincte, ni de parole articulée; je n'étais capable que de gronder et de murmurer. A présent je commence à découvrir quelque apparence de sérénité.

Aut video, aut vidisse puto per nubila solem [1].

Mais de l'autre côté les vapeurs de mon chagrin font qu'il est toujours nuit dans mon

---

[1] J'ai vu, ou j'ai cru voir le soleil à travers les nuages.

ame, et qu'il n'y saurait luire le moindre rayon d'espérance.

Vous voyez bien où j'en veux venir. Il n'y a point moyen que je fasse ce que vous dites que le Ciel désire de moi ; quand le crédit que vous y avez serait assez grand pour changer décembre en mai, pour me semer de roses tout le chemin de Paris, je ne pense pas que je pusse partir du Désert. Après avoir changé la saison, il faudrait encore me changer, et faire par conséquent un second miracle ; il faudrait rompre le charme qui m'attache à ce petit coin de terre.

Votre éloquence est très-forte et votre considération très-puissante, pour m'attirer auprès de vous. Vous m'avez écrit des paroles qui eussent persuadé Saint Antoine et Saint Paul l'Hermite, et je ne m'en défends point par d'autres paroles. Je dis seulement que ces bons Pères étaient au Désert, mais moi que j'en fais une partie, et que vous me devez conter parmi les pièces immobiles de la promenade que vous avez vue,

*Ut nemora, ut colles, viridisque immota Carentæ
Prata mei*[1].

Que direz-vous de l'extravagance de ce jargon? Il est bien éloigné de la régularité et de la justesse de votre style. Une autre fois mon français pourra être moins latinisé et ma prose moins versifiée; mais je suis si las d'avoir parlé trop gravement ces jours passés, qu'il m'a fallu changer de manière, pour essayer de me délasser.

Vous verrez des marques de cette gravité si tendue et si composée, dans quelques écrits que mon neveu vous mettra entre les mains. Il a ordre très-exprès de toute la famille que vous aimez, de vous assurer que vous en êtes parfaitement honoré.

Agréez, je vous prie, ma dévotion, et faites moi l'honneur de croire que je suis toujours de toute mon ame,

Mon révérend Père, votre, etc.

Le 15 décembre 1643.

[1] Comme les bois, les collines et les prairies qui bordent notre Charente.

A M. DE SAUMAISE[1].

Monsieur,

Tout ira le mieux du monde, pourvu que vous vous portiez bien, et que la fluxion dont me parle votre lettre, ne se soit point opiniâtrée à vous tourmenter. Ce serait un étrange équivoque, voire une insigne injustice, si elle prenait le sobre pour le buveur, et si avec votre eau et votre tisane, vous souffriez le supplice que tel que je connais, a évité avec son vin d'Espagne et son Frontignan. Je prie Dieu qu'il rende à chacun selon ses œuvres; pour le moins qu'il ne traite pas plus mal la tempérance que les excès, et que vos desseins ne soient plus troublés par les surprises de cette fâcheuse, qui s'oppose aussi quelquefois aux résolutions du Prince d'Orange.

[1] Ecrivain très-érudit, qui a laissé un grand nombre d'ouvrages presque tous en latin; mort en 1653.

Éclairez et ornez le monde encore long-tems. Ne vous lassez point de faire du bien aux hommes, d'enrichir notre siècle des trésors de votre esprit, d'instruire ceux qui vivent et ceux qui ne sont pas encore nés. Vous trouverez de l'équité et de la gratitude, n'en doutez pas. Les raisonnables savans, qui vous invoquent dans les lieux difficiles de l'antiquité, dans les écueils de l'histoire, ne vous refuseront pas leurs offrandes, après vous avoir adressé leurs vœux. Pour moi qui vous dois plus que les autres, je vous promettrais bien une aussi religieuse reconnaissance ; mais je n'ose rien dire qui sente la profane bigarrure que j'ai blâmée. Et sans plus parler d'*Infinité*, de *Démon*, de *Devin*, etc. (ce sont des mots qui m'échappèrent dans ma dernière lettre et que votre modestie ne goûte pas) je me contenterai de vous assurer en la véritable langue des hommes, que je suis plus qu'homme du monde,

Monsieur, votre, etc.

Le 25 avril 1644.

AU R. P. DE MARIN.

Mon révérend Père,

Vous m'avez emporté mes beaux jours; depuis que vous êtes parti d'ici, je n'en ai pas eu un seul qui ne m'ait donné ou de la douleur ou de la peine. Les bons intervalles mêmes de mon mal ont été pour autrui et non pas pour moi; et l'infirmité des convalescens, qui est privilégiée par-tout ailleurs, n'a pas pu me dispenser de plusieurs travaux qui eussent eu besoin d'une santé confirmée. Enfin, enfin, je suis de loisir, et j'ai attrapé le soleil d'avril, qui me donne de la force, à mesure qu'il en prend. Béni soit *ce Fils visible du Père invisible*, vous savez qu'on l'a ainsi nommé autrefois. Il m'a déjà remis en possession de mes promenades;

il purifiera bientôt les eaux qui vous ont été ordonnées, il préparera lui-même vos bains et vous guérira par des remèdes voluptueux.

Cela fait, ne serez-vous pas homme de parole, et ne vous approcherez-vous pas de notre Désert? Ne voulez-vous point me venir rendre meilleur, par le voisinage de votre vertu, et par la présence de vos bons exemples? Je ne vous demande qu'un jour toutes les semaines. Mais je le vous dis sérieusement, plutôt que de n'obtenir pas cette grace, j'emploierai tout ce que j'ai de crédit à Rome, auprès du grand Mutio Vitelleschi. Il ne vous refuserait pas aux sauvages s'ils avaient besoin de vous; serai-je traité moins favorablement que les gens du Canada? Vous voyez jusqu'où me porte le desir que j'ai de n'être pas éloigné de vous et de jouir quelquefois de votre sainte et savante conversation. Bornez votre ambition pour l'amour de moi; n'ayez point de jalousie de la gloire de vos compagnons; et sans songer à leurs fameuses conquêtes, ni vous proposer des Royaumes et des Rois à convertir, arrêtez-vous à ce petit coin du monde et soyez par humilité, l'apôtre de votre ami. Je vous en conjure de tout mon cœur, et suis avec passion,

  Mon révérend Père, votre, etc.

Le 27 avril 1644.

A M. MÉNAGE [1].

Monsieur,

A la fin j'ai trouvé la lettre qui s'était perdue dans la confusion de mes papiers. Faites-la voir, je vous prie, à notre père Bourbon, et dites-lui qu'elle a été écrite par un père beaucoup plus ancien que lui; dites-lui de plus, que ce père ne sait ni grec ni latin; mais que le feu Roi Henri-le-Grand a estimé son français, son bon sens et sa probité. Il désira même de l'avoir auprès de lui; et s'il n'eût été attaché par affection au service d'un moindre maître, qu'il ne voulut pas quitter pour un plus grand, peut-être que votre ami serait fils d'un Secrétaire d'État.

Dis aliter visum, atque illi meliora dedêre,
Silvasque irriguosque hortos camposque patentes,
Atque aulæ contemptum; et nullis otia jussis [2].

[1] Un des hommes les plus savans du dix-septième siècle; mort en 1692.
[2] Les dieux en ont jugé autrement et lui ont fait

Vous voyez que je vous avoue par ces vers, ce que m'a dit votre prose du calme de ma vie et de la beauté de ma demeure. Mais quand à cette oisiveté de village je pourrais ajouter toutes les délices du siècle d'or ; quand je rêverais, ou pour parler plus noblement, quand je méditerais un palais enchanté, et que l'Arioste l'aurait bâti de ses propres mains ; en un mot, Monsieur ; quand mon Désert serait aussi beau que vos paroles sont belles, je n'y saurais être heureux, puisque je n'y suis pas avec vous. Il n'y a point de félicité pour moi, en l'absence de deux ou trois personnes que je ne vois plus, et je marque de noir des journées qui seraient ici très-douces et très-agréables, si je n'avais pas mon cœur ailleurs. Je suis,

Monsieur, votre, etc.

Le 12 mai 1644.

un sort bien plus doux. Ils lui ont donné des jardins baignés d'une eau pure, des bois, des champs, le mépris de la cour, et des loisirs que sa volonté seule fait cesser.

A M. LE COMTE DE JONSAC.

Monsieur,

Vous me donneriez de la vanité, si j'en voulais prendre; mais je me connais trop pour croire ce que vous dites de moi. Je ne prétends ni de vous occuper, ni de vous instruire; je penserais beaucoup faire si je vous pouvais divertir, et si un travail de quelques années vous fournissait quelque heure de passe-tems. Je vous l'ai envoyé à cette fin, et quoi que vous puissiez dire pour m'obliger, je ne le considère que comme un fruit que la seule grace de la nouveauté vous a rendu agréable. C'est elle qui tient lieu de bonté aux mauvais melons, et qui fait rechercher au mois de juillet, ce qu'on rejette au mois de septembre. Elle est tout le mérite d'un livre, qui n'en a point de lui-même; il doit tout son prix à votre civilité, et si j'y trouve à présent quelque beauté, ou vous l'y avez mise, ou vous me la faites apercevoir. Mais en le regardant de plus près et m'examinant avec lui, je n'ai pas beaucoup de peine à me détromper de cette douce illusion. Que saurait produire de rare une si commune médiocrité que la mienne ? Quels peuvent être les efforts d'un esprit que son corps seconde si mal ? Mon dessein était de ne le presser pas davantage, et de l'exempter de toutes les fonctions publiques; mais le public s'y est opposé, et quelques illustres particuliers. Et en un tems où je ne songeais qu'à me cacher moi et mes papiers, on nous a tirés par force de l'obscurité que je préférais à la lumière. Dieu le pardonne néanmoins à ces bons et officieux ennemis; je ne puis leur savoir mauvais gré, si en troublant mon repos, ils m'ont donné moyen de vous plaire et de vous témoigner le desir que j'ai que vous me fassiez l'honneur de me croire,

Monsieur, votre, etc.

Le 3 juillet 1644.

A M. DE CAMPAIGNOLE.

Monsieur mon cher neveu,

Pour le moins que ce ne soit pas votre indisposition qui soit cause de votre silence. Soyez paresseux, soyez la paresse même, plutôt que d'avoir mal au bout du doigt. C'est un homme intéressé qui vous parle, et je vous prie de vous bien porter pour l'amour de moi. Tout ce qui s'appellerait mal en votre personne, me travaillerait d'une si étrange sorte, que je deviendrais le siége de la douleur, et vous n'en seriez plus que le passage.

Mais c'est trop se souvenir de la peur que vous me fîtes l'année passée, et de vos accès de trente-cinq heures. Changeons de sujet, et si ma dernière lettre s'est perdue, celle-ci vous dira pour nouvelle que je suis extrêmement satisfait de votre négociation. J'admire ce bon sens de vingt et un ans, et cette adresse sans expérience; elle mériterait un plus digne emploi que je lui ai donné, et vous vous faites tort de vous appeler mon petit agent, vous qui pouvez être un jour grand ambassadeur et porter des paroles de Roi à Roi. Il ne faudra pour cela que de la faveur, car à l'école où vous êtes, vous acquerrez bientôt les vertus civiles, comme vous êtes né avec les militaires. Nous rions ensemble, à notre ordinaire; mais en riant on ne laisse pas de dire la vérité, et gardez-vous bien de croire que je vous estime moins brave que cet autre brave de votre nom, qui s'appella dans l'histoire de Flandres, *Il Signor di Campagnola, Soldato di estima grande*. Je suis avec amour et tendresse,

Monsieur mon cher neveu, votre, etc.

Le 10 août 1644.

A M. L'ABBÉ TALON.

Monsieur,

Vous ne m'imposez rien qui me pèse, me demandant de nouvelles marques de mon amour pour une mémoire qui m'est très-chère. Il me sera aisé de vous obéir, puisque ce sera suivre mon inclination, et me laisser aller à la pente de mon esprit. Il trouve tant de douceur à se souvenir de notre bon Cardinal, que je puis dire qu'il se repose dans cette matière, lui qui se lasse par-tout ailleurs. Le genre démonstratif l'avait presque mis aux abois, mais vous venez de lui rendre sa première force. Entendons-nous pourtant, s'il vous plaît, car si vous désirez des vers de moi, je ne sais si je pourrais contenter votre désir. Je n'ai qu'un petit filet de veine poétique; ce filet coule faiblement et goutte à goutte; il ne saurait fournir qu'un quatrain en quatre jours ; une épigramme le met à sec. C'est monsieur l'Evêque de Grasse, monsieur Guyet et monsieur Voiture, qui sont capables des hautes et longues inspirations, des vrais et justes poëmes. Ce sont eux à qui il faut demander des hymnes et des apothéoses, et je m'assure qu'ils n'ont gardé le silence jusques à présent, que pour parler avec plus de préparation. Ma gloire sera de leur avoir ouvert la carrière, et d'avoir promis de si grands maîtres au peuple qui les attend. Mais mon contentement est déjà de m'être acquitté de mon devoir, et par même moyen d'avoir donné satisfaction à une personne que j'estime parfaitement. Il n'est pas besoin de vous expliquer cette personne, et vous ne doutez point que je ne sois de toute mon ame,

Monsieur, votre etc.

Le 25 septembre 1644.

A M. DUPUY.

Monsieur,

Estimant infiniment l'honneur que j'ai d'être aimé de vous, je suis bien glorieux des belles marques qu'il vous a plu de m'en envoyer; et quoique, pour l'essentiel de la chose, votre probité m'en assuré assez la possession, je suis bien aise, pour l'ornement de mon cabinet, que votre courtoisie m'en donne des titres.

Je les ai reçus avec le témoignage avantageux que vous avez rendu de mon livre, et je fais bouclier de ce témoignage contre tous les arrêts et toute l'iniquité des mauvais juges dont vous me parlez.

Je ne vise point à l'approbation universelle; les héros mêmes ont mal réussi en ce dessein. La gloire la plus juste et la mieux acquise a été contestée et mise en dispute.

J'ai vu dans les tragédies d'Euripide un galant homme qui accuse Hercule d'être poltron, c'est-à-dire que parmi les hommes il y a eu un homme qui n'a pas été de l'avis du genre humain, et qui a donné un démenti à toute la terre. Le *pour* et le *contre* sont venus au monde avec le *mien* et le *tien*; et la raison n'est pas plus ancienne que l'anti-raison. Les saines opinions n'ont jamais été en paix; la malice et l'ignorance se sont toujours armées pour les attaquer, et encore aujourd'hui combien de schismes, de sectes et d'hérésies qui font la guerre à la pauvre vérité ! Celle qui a pour objet la sainteté de la religion et de ses mystères, est bien de plus grande importance que celle qui ne regarde que le caractère de la comédie et la pureté du style; et néanmoins, pour un bien persuadé on compte cent mécréans, et tout est contredit sous le ciel, voire même ce que Dieu a dit.

Il faut chercher ailleurs l'unité des sentimens; ici ne se trouve que la diversité et la bigarrure, et tant qu'il y aura des têtes et des passions, il y aura des disputes et des procès. Je tiens tous les miens gagnés, puisque vous me faites l'honneur d'en appuyer le bon droit, et que c'est chez monsieur de Thou, et non pas chez monsieur de *** que s'assemble le vrai et le légitime sénat qui a droit de juger de nos affaires de livres.

Au pis aller, je ne prends pas les choses si à cœur que vous pourriez vous imaginer; écrivant moins pour les autres que pour moi, qui ai besoin de piquer par là mon repos, de peur qu'il ne devienne léthargie, ce me sera assez que votre bonté souffre mes écrits comme une recette qui m'a été ordonnée par les médecins, et que vous me fassiez la faveur de croire qu'il n'est pas nécessaire d'être parfaitement éloquent pour être parfaitement, comme je suis,

Monsieur, votre, etc.

Le 20 octobre 1644.

A M. GUYÈT[1].

Monsieur,

Vous me désirez un grand bien, quand vous me désirez auprès de vous. Je sais quel avantage c'est à un homme qui a de bonnes oreilles, et j'aurais l'ame trop dure si je ne me laissais amollir aux remontrances que vous me faites. Quoique je sois un des plus confirmés anachorètes qui habitent le Désert, il faut avouer que vous avez ébranlé la fermeté de mon vœu, et qu'une compagnie du mérite de la vôtre est une violente tentation pour me porter à l'apostasie. La vie solitaire a bien ses charmes et ses délices; mais qui ne deviendrait maigre étant réduit à se nourrir toujours de son propre suc? Et quelque honnête que soit le commerce qu'on

[1] Savant jésuite, qui a laissé plusieurs ouvrages sur les cérémonies de l'Eglise.

a avec les livres, tout bien considéré, n'est-ce pas désenterrer des morts, et s'enterrer souvent avec eux par une profonde méditation ? Il vaudrait presque autant travailler aux mines ; on court ici la même fortune et les mêmes accidens, et on n'en rapporte pas un meilleur visage ni des yeux moins enfoncés dans la tête. Ce sont les livres vivans qui éclairent l'esprit, sans incommoder la vue, et vous êtes, Monsieur, un de ces livres si commodes et si agréables.

Qu'il y a de plaisir d'avoir de ces livres, qui savent répondre et répliquer ! Ils épargnent la peine de la recherche et du choix, présentant les choses pures et séparées ; ils ont je ne sais quoi de sensible et de puissant, dont il n'y a point moyen d'animer notre lecture. Et bien que vos trois grands favoris, je veux dire Térence, Horace et Virgile, soient aussi mes trois plus anciennes inclinations, je vous confesse que je ne les ai jamais trouvés si honnêtes gens, que quand ils me parlaient par votre bouche...

Mais que vous m'avez dit de vous même d'excellentes choses ! Que je vous ai vu composer et réciter d'admirables vers ! De votre grace, je les ai eus autrefois parmi mes papiers, et je les aurais encore aujourd'hui, si quelque savant curieux n'avait mis la main dans ma cassette. Faites-m'en un second présent, si vous voulez que je croye que le mien ne vous a pas été désagréable. Laissez-vous persuader à monsieur Ménage, et je connaîtrai que c'est tout de bon que vous m'estimez, si pour mon cuivre vous m'envoyez de votre or. Après tant de beaux esprits, je me sers une fois en ma vie de la fable de Glauque et de Diomede ; mais cela fait, il n'y a rien ici de fabuleux ; mes protestations ne sont point poétiques et je vous débite pure vérité, quand je vous assure que je suis passionnément,

Monsieur, votre, etc.

Le 28 octobre 1644.

A Mme LA COMTESSE DE BRIENNE.

MADAME,

Il n'est point de lieu si reculé où la réputation de votre vertu ne soit arrivée. La voix publique m'en vient entretenir jusqu'au désert, et toute la France est en cela l'écho de Paris. Tout le monde vous appelle la Bonne et la Bienfaisante de la cour, et vous n'êtes pas moins connue par ces noms aimables que par le nom illustre que vous portez. C'est ce qui m'empêche, Madame, d'employer de l'art, et de chercher un long circuit de paroles pour vous demander ce que vous ne sauriez me refuser. Votre protection est assurée, non seulement au mérite, mais aussi à quelque chose qui lui ressemble; et vous l'avez avoué à monsieur l'abbé de Saint-Nicolas, il y a quelque chose qui vous plaît ou qui vous trompe dans mes écrits. Ceux que mon ami vous présentera de ma part, ont été déja vus au lieu où vous êtes, mais si malades et si déchirés, qu'on me mande qu'ils me feraient grand pitié en cet état-là. J'ai peur qu'ils auront offensé les yeux de madame la Princesse, s'ils ont paru devant elle avec ces blessures, et dans ce désordre; et je voudrais bien qu'elle voulût les revoir en meilleur et plus honnête équipage. Vous pouvez me rendre ce bon office, en lui communiquant l'exemplaire que je vous envoie; je vous supplie très-humblement de me faire cette faveur, et de me croire,

Madame, votre, etc.

Le 14 décembre 1644.

A M. DE BOIS-ROBERT MÉTEL.

Monsieur,

Toutes choses meurent et sont sujettes à corruption, c'est une loi générale; mais vous avez des affections qui sont privilégiées; elles ne connaissent point le déclin; elles se défendent de la vieillesse; elles ne furent jamais plus vives ni plus ardentes. Il m'a été bien doux d'apprendre cette vérité dans la lettre que vous m'avez fait l'honneur de m'écrire, et d'y voir que je suis encore votre favori, après vingt-cinq ans de faveur.

Sans doute on nous proposera un jour en exemple, et nous serons ajoutés aux fables et aux histoires. Mais la belle chose que ce serait, Monsieur, si les autres parties de nous-mêmes se pouvaient conserver dans la même force que notre amitié, et si la neige qui est tombée sur notre tête, ne signifiait qu'il y a de la glace dans nos veines! Voilà ce que nous coûtent deux vertus dont nous nous passerions bien, *l'expérience et la gravité.*

En ce monde il faut perdre en acquérant ; on ne peut se faire respecter sans se faire plaindre, et l'épithète de vénérable est presque toujours accompagnée de celle d'infirme. Pour moi, je sens cette infirmité autant de fois que j'ai besoin de vigueur je ne dis pas à courir et à lutter dans la lice, mais à cheminer le petit pas, et à faire quelques tours dans notre jardin. Tout mon feu s'est retiré au fond de mon ame, où peut-être je vous pourrais dire qu'il est encore assez vif pour y allumer des pensées de joie, et pour me faire poëte sur mes vieux jours.

Vous me parlez de ma prose beaucoup plus avantageusement qu'elle ne mérite ; mais vous ne me dites pas un seul mot de cette nouvelle découverte que j'ai faite en mon esprit. Les pères Bourbon et les

Ambassadeurs de Suède la trouvèrent belle, et me donnèrent courage de pénétrer plus avant dans le pays. Vous aurez bientôt votre part des raretés qui y croissent, et que j'en ai apportées depuis quelque tems; mais toute votre part ne doit pas être confondue avec celle du public.

Et y a-t-il rien que je ne doive à une affection si constante et si pure que la vôtre! Je suis,

Monsieur, votre, etc.

Le 26 décembre 1644.

A M. LE DUC D'ÉPERNON.

Monseigneur,

Les obligations que je vous ai, me touchent de telle sorte que je ne suis point satisfait de moi-même, de ne vous en pouvoir témoigner que de vulgaires ressentimens. Il serait peut-être mieux de ne vous en point témoigner du tout. Le silence de la méditation est quelque chose de plus dévot que la musique des hymnes et des cantiques. Il n'est point de sermon qui vaille une extase, et l'étude peut être feinte et dissimulée, mais le désordre de l'ame en fait voir le fond et le secret.

Ce sont donc, Monseigneur, mes pensées confuses qui vous remercient, et mon ame en désordre qui voudrait bien reconnaître vos faveurs. C'a été avec transport, et jusqu'à perdre la parole, que je les ai reçues depuis quelque tems; et je demeurerais encore dans le même état, si je n'avais peur de donner mauvais exemple à ceux qui reçoivent des faveurs. Mon transport ne doit pas toujours être si assoupi qu'il m'empêche de tourner quelquefois les yeux du côté d'où me luit ma bonne fortune. Si je suis muet d'admiration, je ferai signe pour le moins que je ne suis pas ingrat de dessein; et quand j'aurai trouvé à Plassac les beaux jours que vous me permettez d'y aller chercher, je dirai pour le moins dans mon cœur que c'est vous et le soleil qui me les donnez, ou me servant du vers de Virgile,

Deus nobis hæc otia fecit [1].
VIRGILE, *égl.* 1.

Les Dieux, Monseigneur (je parle la langue de Virgile), ne sauraient faire un plus riche présent aux hommes; ils ne se sont même rien réservé de meilleur pour eux, et il a été dit par quelqu'un, *que le*

[1] Que c'est un Dieu qui me fait ce loisir.

loisir était leur affaire, et par quelqu'autre, que c'était *leur possession*. Je m'étais caché au village pour vaquer à cette affaire du ciel, et pour jouir à mon aise de la bienheureuse oisiveté; mais on m'a troublé en ma jouissance; et j'ai été découvert. Quoique ce petit coin du monde soit ignoré de l'ancienne et de la nouvelle géographie, mon malheur a voulu qu'il a été mis en réputation depuis que j'y suis, et qu'on l'a tiré de cette douce et tranquille obscurité où reposent les choses inconnues. Toute la prose et tous les vers de la chrétienté en ont appris le chemin; les paraphrases et les commentaires, les harangues et les panégyriques y arrivent de plusieurs endroits; mais les lettres particulièrement croyent avoir droit d'y venir des dernières contrées de la terre.

On me fait trop d'honneur, je l'avoue; cette persécution m'est trop glorieuse; mais c'est toujours persécution à un esprit accablé, et qui n'en peut plus. Je me fâche, je murmure ici inutilement contre cette gloire, il n'y a point moyen de m'en garantir qu'en me sauvant en quelque lieu de franchise, où non seulement il y ait un portier pour dire que je n'y suis pas, mais où il y ait encore un capitaine pour le dire avec autorité, et pour empêcher que la curiosité ne m'y cherche. Vous me faites la grace, Monseigneur, de m'offrir ce lieu de refuge, où j'espère être en sureté; et je sais assez que, sans qu'il soit besoin ni de capitaine ni de soldats, vous n'avez point de maison que votre seul nom ne fortifie; il est la sauve-garde des maisons d'autrui, et la guerre le respecte sur la porte même d'une cabane. Que puis-je donc craindre pour mon repos, si une puissante autorité me l'assure, et si vous êtes si bon que de m'avouer à vous, de qui je suis et serai passionnément toute ma vie,

Monseigneur, votre, etc.

Le 5 janvier 1645.

A M. LE DUC DE GRAMMONT [1].

Monseigneur,

Les bontés que vous avez pour mon neveu sont des obligations très-particulières que je vous ai; aussi je les reçois avec tous les sentimens de reconnaissance qui peuvent naître dans l'ame d'un homme de bien; mais de vous rendre les remercimens qu'elles méritent, c'est ce que je n'oserais entreprendre, et il me faudrait de meilleures paroles que les miennes pour le pouvoir faire comme je voudrais.

Au temps passé ces mauvaises paroles ont été assez heureuses pour ne vous déplaire pas, et vous m'avez fait l'honneur de me témoigner que quelquefois elles vous avaient amusé assez agréablement. Mais, Monseigneur, comme c'était une

[1] Antoine de Grammont, duc et pair, et maréchal de France, mort en 1678.

bonne fortune dont j'étais peu digne, je n'ai aucun droit de m'en promettre la continuation. Vous n'êtes pas obligé pour l'amour de moi de vous servir toujours avec réserve de la lumière de votre esprit, ni d'user toujours faiblement de votre force. Les faveurs ne s'exigent pas de la même sorte que les dettes, et si vous me faisiez grace quand vous faisiez quelque cas de moi, vous me rendez aujourd'hui justice si vous ne le faites plus. Un homme caché comme je suis, et de nul usage dans le monde, ne doit pas aspirer à la plus haute ambition de ceux qui paraissent et qui agissent, je veux dire à votre estime, Monseigneur; et n'ayant que des vœux à vous offrir pour l'heureux succès de vos grands emplois, il me doit suffire que vous ayez pitié de cette passion impuissante, et souffriez que je me die toute ma vie avec toute sorte de respect,

Monseigneur, votre, etc.

Le 14 janvier 1645.

A M.me LA PRINCESSE[1].

MADAME,

La gloire ne doit point venir au désert, et n'a pont été faite pour les solitaires. Votre Altesse me donne donc ce que je ne suis pas capable de recevoir, et je le vous avoue dans une très-grande confusion de mon esprit, je me sens très-indigne des favorables paroles que mon neveu m'a dites de votre part.

Je me sens néanmoins assez zélé au service de votre Altesse, pour penser mériter quelque aveu de ma dévotion; je ne sais même si je n'avais point besoin d'apprendre qu'elle ne lui est pas désagréable, pour avoir le courage de travailler à certains autels que j'ai conçus, et dont le dessin ne m'a pas déplu en les concevant. Sans ce témoignage de votre bonté, Madame, je n'eusse jamais

[1] La princesse de Condé.

osé que faire mes sacrifices dans mon cœur; je n'eusse osé tout au plus que faire partie du peuple dans les fêtes de la France, et mêler ma voix parmi les acclamations publiques, qui sont aujourd'hui les musiques de l'hôtel de Condé, et qui troublent si agréablement le repos de la plus contente de toutes les mères.

C'est vous qui l'êtes, Madame, et qui, par la naissance d'un seul prince, avez embelli toute la terre; c'est votre bienheureuse fécondité à qui notre siècle est obligé de son honneur et de sa lumière, à qui le monde doit les derniers miracles qu'il a vus; et si le Roi règne bien loin hors de son royaume, si son royaume n'a plus de frontières après tant de victoires gagnées pour cela, ce sont à la vérité de grands ouvrages de la main d'un prince de vingt-deux ans, mais ils sont venus, Madame, de ce premier chef-d'œuvre du sang de Bourbon et de Montmorency, qui est sorti de vous.

Y a-t-il de Français, s'il n'est ennemi de

sa patrie, qui vous refuse ses vœux pour la durée de votre contentement? Et ne devons-nous pas souhaiter à votre Altesse la longue et paisible possession d'un bien dont nous sommes riches avec elle? Pour moi, je prie Dieu, Madame, qu'il ne puisse jamais vous être ravi, non pas même par la violente passion de quelque peuple, amoureux de la vertu héroïque, et par les Ambassadeurs d'une couronne élective, qui pourraient encore une fois venir demander un Roi à la France. Ces malheurs, Madame, sont les malheurs de la trop grande félicité; ils menacent les têtes de peu de princes, et toutes les princesses ne les doivent pas appréhender, mais je puis dire avec vérité qu'il n'en arrivera point de plus funestes à votre maison, si mes prières sont exaucées, et si je suis aussi favorablement écouté du ciel que je suis passionnément,

Madame,

De votre Altesse, très-humble, etc.

Du 1.er février 1645.

A M. CONRART.

Monsieur,

Vous m'avez écrit une lettre parfaitement éloquente, elle me met bien haut au-dessus de ma condition. Le mal est que tout cela n'est que représentation et qu'image. Après avoir lu vos paroles, et mon personnage étant joué, je cesse d'être Achille ou Agamemnon. Cette grandeur empruntée me quitte, et ma première pauvreté me demeure; je viens de me voir chez autrui un des plus parfaits de tous les hommes, et je me trouve en moi-même une des plus infirmes de toutes les créatures. A la bonne heure si vous m'en aimez davantage, pour m'avoir fait de votre façon, et si je vous plais avec les ornemens que vous me donnez. Je vous puis bien protester que vous êtes un de ceux à qui je désire le plus de plaire, et de l'estime duquel je fais plus d'état. Il est vrai que pour la consolation de ma triste vie, votre estime n'est rien à l'égal de votre amitié. Il y a long-tems que je ne suis sensible que par cet endroit, et je ne lis plus mes louanges, ou je les lis en songeant ailleurs. Un mot de votre part me fait plus de bien que tout cet amas de superlatifs et de grands mots, dont les beaux esprits sont si prodigues; que ces pleins parterres de fleurs dont la fausse rhétorique couronne la mauvaise ambition : j'appelle ainsi les lieux communs des déclamateurs que nous connaissons, qui adorent; qui consacrent; qui déifient tout, et aussi bien la citrouille de l'Empereur Claude, que la tête de l'Empereur Auguste. Le reste à une autre fois. Je suis passionnément,

Monsieur, votre, etc.

Le 24 février 1645.

A M. DE LA CHETARDIE.

Monsieur mon cousin,

Je me sauve tant que je puis de la persécution des complimens. Pour cela j'ai cherché un désert qui fût plus écarté et moins connu que le mien, et j'habite à présent une île enchantée, où peu d'hôtes sont reçus et toutes sortes de lettres ne sont pas lues. Les vôtres méritent d'être privilégiées ; il ne m'en vient point qui ne m'apporte quelque nouvelle agréable ; qui ne soit accompagnée de quelque excellente rareté ; qui ne me présente, tantôt des biens temporels, tantôt des richesses spirituelles et quelquefois l'un et l'autre ensemble. Les dernieres m'ont régalé avec cette double magnificence, et bien loin d'avoir troublé mon repos, je vous puis assurer qu'elles font partie de mes plaisirs. Qui serait l'ennemi de soi-même, et le venu sur la terre en dépit du Ciel, qui se voulût plaindre de son bonheur, je veux dire des bienfaits de madame de la Chetardie, et des faveurs de monsieur le Comte de Cremail?

Mais Madame ma Cousine se passera bien pour quelque tems du remerciment qui lui est dû; il faut que toute ma gratitude présente, et que toutes mes paroles d'aujourd'hui soient pour monsieur notre Comte; et vous ne trouverez pas mauvais que j'aille achever les écritures que j'ai commencées, afin de le satisfaire sur ses questions. Je vous demande la continuation de vos bons offices, auprès de ce chevalier sans reproche, et vous supplie de croire que je suis toujours passionnément,

Monsieur mon Cousin, votre, etc.

Le 6 mars 1645.

AU R. P. TESSERON.

Mon révérend Père,

J'entends un peu la langue du Ciel, mais je ne juge point du mérite de ceux qui la parlent, et la noblesse des poëtes doit-être exempte de la jurisdiction des grammairiens. Il me suffit donc de donner ces louanges à vos beaux vers, et de vous remercier du plaisir qu'ils m'ont donné ; car de m'engager dans l'examen qu'il semble que vous désirez de moi, outre que ce serait introduire l'inquisition dans un pays libre, et violer les franchises de Parnasse, ce serait prendre vos paroles trop à la lettre et fonder un droit sur un compliment.

Je n'ai garde de le faire, ni d'abuser de la sorte de la déférence que vous me rendez. Il ne faut pas tirer avantage des civilités d'un homme qui enseigne la rhétorique, et par conséquent qui ne fait pas profession de la rigoureuse vérité. Quoi que vous fassiez, vous ne sauriez devenir un homme vulgaire, ni vous tant humilier par votre modestie, que vous vous élevez par votre esprit.

Le révérend père Sevin vous dira en quels termes je me suis expliqué à lui sur le sujet de ces fréquentes élévations, et ce que je lui ai dit du grand courage de votre Muse. Il est, comme vous savez, orateur ardent et pathétique, mais je n'ai besoin ni de sa véhémence, ni de ses figures, je ne lui demande que son simple témoignage, pour vous bien persuader que je suis,

Mon révérend Père, votre, etc.

Le 25 avril 1645.

AU R. P. CORLIEU.

Mon révérend Père,

Je voudrais vous voir toujours ou ne vous avoir jamais vu. Le souvenir d'un bien que vous ne fîtes que me montrer, est devenu aujourd'hui un mal qui me tourmente l'esprit ; il m'avertit de ma perte, en me représentant ma possession. Qu'elle fut douce et qu'elle fut courte cette journée que vous me donnâtes, quand vous partîtes de ce pays ! Ce sont de ces journées qui méritent qu'on en célèbre l'anniversaire. Vous ne doutez pas que je ne fasse une estime très-particulière de votre vertu ; mais trouvez bon que je vous die que depuis notre séparation, j'ai une tendresse pour votre personne, qui n'est pas imaginable. Elle ne peut être bien comprise que par ceux qui ont les passions plus vives et plus délicates que les autres hommes, et monsieur l'Official qui vous en rend témoignage, ne laisse pas lui-même de s'en étonner. Il a été assez bon pour me vouloir servir d'interprète, et pour se charger de quelques-unes de mes intentions. Agréez, s'il vous plaît, cet acte de charité, qui le fait compatir à l'infirmité d'un homme qu'il aime. Il voudrait soulager une pauvre ame, abattue de veilles et de chagrin ; qui n'a ni force ni mouvement dans les faiblesses continuelles d'un mauvais corps. En l'état où je suis, il serait difficile que je fusse régulier en mes complimens : mais en quelque état que je puisse être, ni mélancolie, ni débilité, ni douleur ne me sauraient empêcher de faire des efforts de respect, de vénération, pour vous témoigner que je suis parfaitement,

Mon révérend Père, votre, etc.

Le 7 mai 1645.

A M. GOMBAULD.

Monsieur,

Le dialogue que vous m'avez fait la faveur de m'envoyer, me fut enlevé le même jour que je le reçus; et depuis ce tems-là il a passé par tant de mains, que je n'en ai pu être maître qu'aujourd'hui. Je viens de le lire avec un goût qui me demeurera long-tems dans l'esprit, et je vous avoue que semblables dialogues, si nous en avions en notre langue, me dégoûteraient de ceux de Platon. Ce petit livre, puisque vous en voulez savoir mon avis, est une bibliothèque en abrégé; et ce n'est pas seulement le suc et la substance des anciens sages, c'est de plus, l'esprit et la vie de leur sagesse, tant il a su bien appliquer la spéculation à l'usage et l'étude à l'action.

Mais cet IL, Monsieur, n'est-ce pas monsieur de la Hoguette, et que prétend-il faire de sa retenue et de son secret? S'il ne veut pas avouer un fils si digne de lui, pour manquer de père il ne manquera pas de protection. On n'a point exposé de héros que le ciel n'en ait pris soin, et presque toujours ces naissances douteuses ont été le commencement d'une vie illustre. Je vous envoie le présent que vous fait monsieur Chapelain, et ne pouvant vous remercier assez dignement de celui que j'ai reçu de vous, je me contente de vous assurer que je suis avec beaucoup de reconnaissance,

Monsieur, votre, etc.

Le 7 août 1645.

A M. D'ARGENSON.

Monsieur,

Je viens de recevoir la lettre que vous m'avez fait l'honneur de m'écrire. C'est proprement un commentaire sur mon Discours de la Gloire, mais un commentaire qui corrige et réforme le texte, qui instruit et catéchise l'auteur.

J'entre tout-à-fait dans vos sentimens, et vous m'avez pleinement persuadé; de telle sorte que si je me sentais aussi capable de l'emploi que vous me destinez, que je le reconnais meilleur que celui qui m'a occupé jusques à présent, vous auriez bientôt de ma façon un Traité de l'Humilité Chrétienne, pour vous faire perdre le mauvais goût que vous a laissé celui de la Gloire du monde. Je le fis autrefois par une occasion qui m'y obligea, et mon dessein fut plutôt de condamner l'avarice que de plaider pour la vanité.

Mais il faut, Monsieur, vous faire voir que les auteurs séculiers ne sont pas toujours auteurs profanes, et que nous nous approchons quelquefois des matières saintes. Voici quelque chose de Rome apostolique et dévote, afin que vous ne pensiez pas que je sois inséparablement attaché à Rome Consulaire et triomphante. L'ouvrage est Chrétien et composé en la langue de l'Eglise, et monsieur le Cardinal Bentivoglio l'a approuvé.

N'attendez rien pourtant, s'il vous plaît, de régulier ni de dogmatique. Je n'ai point argumenté en forme ; je n'ai point coupé ma matière par divisions et par subdivisions. J'ai choisi le style des anciens prophètes, plutôt que celui des docteurs modernes, et si je ne suis théologien comme Becan [1], je voudrais l'être comme Orphée, si c'est trop de dire comme David. Je saurai votre

[1] Savant professeur de théologie, qui a laissé plusieurs ouvrages de controverse.

opinion de ma théologie et de mes vers, quand j'aurai l'honneur de vous voir. Ce ne peut être sitôt que je le désire, ayant impatience d'être auprès de vous, et vous protester de vive voix que personne n'est plus véritablement que moi,

Monsieur, votre, etc.

Le 18 octobre 1645.

A M. DE LYMERAC DE MAYAT.

Monsieur,

Je n'ai garde de faire ce que vous désirez de moi ; je ne sais point plaindre un homme qui a tant acquis de gloire que vous. Vous êtes plus digne de l'envie des braves que de la compassion des philosophes, et vos lauriers sont bien plus beaux que vos chaînes ne sont rudes. La prison n'est pas un si grand mal que vous vous imaginez ; elle réserve les hommes à une plus heureuse saison, et peut-être que nous vous aurions perdu, si nos ennemis ne vous gardaient.

Pour les Brindes d'Allemagne, dont vous me parlez avec douleur, et de la même sorte que des coups de bâton de Turquie, il me semble qu'en cela votre sobriété est un peu trop délicate. Il faut apprendre à hurler avec les loups, comme disent ceux qui parlent proverbe ; et sans vous alléguer les grands capitaines, ne savez-vous pas que les sages ambassadeurs se sont enivrés autrefois pour le bien des affaires du Roi, et ont sacrifié toute leur prudence et toute leur gravité à la nécessité du temps et à la coutume du pays où ils étaient ? Je ne vous conseille pas la débauche défendue, mais je ne pense pas qu'il y ait du mal de noyer quelquefois vos ennuis dans le vin du Rhin, et de vous servir de cet agréable moyen d'accourcir le temps, dont la longueur dure extrêmement aux prisonniers.

Monsieur votre père travaille cependant avec chaleur à vous procurer votre liberté, et vous devez croire qu'il n'oublie pas ses soins et son activité ordinaire dans une affaire qu'il a plus à cœur que toutes les autres. Pour moi, n'y pouvant contribuer que des souhaits, je vous puis bien assurer qu'ils sont très-ardens et très-passionnés, et que je suis autant qu'il est possible de l'être,

Monsieur, votre, etc.

Le 15 décembre 1645.

A M. MÉNAGE.

Monsieur,

Je n'appréhende point de perdre les bonnes graces du brave Gomès, pour l'épigramme du rossignol enrhumé ; il n'a garde de s'en scandaliser, lui qui ne se pique que des vertus militaires, et qui se souvient de ce reproche que Philippe fit à Alexandre : *N'as tu point de honte de savoir si bien chanter ?* S'il ne fait pas des vers extrêmement bons, il a cela de commun non seulement avec Cicéron et d'autres Consuls romains, mais encore avec Denys le tyran, et d'autres tyrans que je ne veux pas nommer ; et vous lui direz, s'il vous plaît, que comme je l'ai allégué dans l'épigramme pour un mauvais poëte, je le proposerai pour un grand soldat, quand je ferai son éloge en prose, et que je parlerai tout de bon.

Sur-tout, Monsieur, je n'oublierai pas ses prouesses de de-là les monts, et particulièrement ce fameux combat qu'il fit à Mantoue (je sais l'histoire de sa propre bouche), quand il étendit sur le pavé le redoutable capitaine Brancaléon. Les dames qui le regardaient combattre de leurs fenêtres, (je sais encore cela de lui) l'appelèrent cent fois l'honneur de la France, et l'espérance de l'Italie; lui crièrent deux cents fois, *vive* GOMÈS! lui jetèrent après sa victoire, tant de bouquets de jasmin et de fleur d'orange, et une telle grêle d'œufs parfumés; qu'elles faillirent à l'en accabler.

Ne voilà-t-il pas de quoi se consoler glorieusement de quelques petites disgraces qui lui sont arrivées à la porte de monsieur le Cardinal? Mais il trouve bien ailleurs de plus solides consolations; et tous les lauriers de votre Parnasse et de votre Pinde valent-ils celui dont il se couronne lui-même, lorsqu'il le cueille sur le jambon et qu'il conte ses aventures au cabaret ? Si vous le voyez, faites-lui espérer l'éloge que je médite ; et goûter comme il faut l'épigramme que je vous envoie. Je suis,

Monsieur, votre, etc.

Le 20 décembre 1645.

A M. DE *****.

Monsieur,

Si j'avais voulu être aussi officieux que j'ai été sollicité, vous auriez reçu de moi depuis quinze jours, cent cinquante recommandations de compte fait. Encore aujourd'hui il se présente occasion de refuser, et je demeurerais encore comme auparavant dans cette immobile fermeté contre toutes sortes de prières ; mais il n'y a pas moyen de tenir bon quand c'est l'amitié qui prie. J'ai assez de force pour résister aux importuns, et me défendre de la mauvaise honte ; mais je ne suis pas assez dur pour désobliger les honnêtes gens et négliger les plus doux devoirs de la vie civile. En pareil cas on pourrait avoir dispense d'un vœu qu'on aurait conçu au pied des autels ; mon premier dessein n'était pas tout-à-fait si religieux, à présent il irait au-delà de la superstition et offenserait les bonnes mœurs, s'il m'empêchait d'accorder à Monsieur de *** l'office qu'il vient de me demander.

Ce Monsieur de *** est mon cher ami, depuis le règne de Henri-le-Grand, et connu pour tel de toute la France qui sait lire. Je vous supplie, Monsieur, que je n'aie pas le déplaisir de lui avoir été inutile auprès de vous, et de n'avoir pu que lui souhaiter du contentement dans une rencontre où il espère davantage de mon crédit. Il est en votre pouvoir de me donner son aise, tout entier ou en partie. L'un me plairait bien plus que l'autre ; et puisqu'il n'y aura guères de taxe que vous ne modériez, sans en être prié de personne, je me promets le coup de plume obligeant et décisif, qui rayera cette-c pour l'amour de moi, et ne laissera rien de défectueux en votre bienfait. Les Grâces ne sont ni boiteuses ni estropiées ; ce sont des déesses toutes belles et toutes parfaites ; et les ayant vues en cet état-là dans les livres de Sénèque, vous ne voudriez pas que je les méconnusse dans la faveur que j'attends de vous, qui savez Sénèque par cœur. Le moyen de l'expliquer admirablement, c'est de faire ce qu'il vous conseille et d'être aussi bienfaisant que vous êtes bon. Je vous en supplie encore une fois, et de croire que je suis parfaitement,

Monsieur, votre, etc.

Le 3 janvier 1646.

A M. LE MARQUIS DE MONTAUSIER.

Monseigneur,

Votre souvenir n'est pas une simple marque de votre civilité ; vous vous souvenez de moi avec des paroles qui me persuadent, quoiqu'elles me viennent d'un lieu suspect, et que je sache qu'à la cour on ne se sert guères des paroles que pour déguiser les intentions. Vous vous en servez plus honnêtement et plus selon le dessein de la nature : elles sont les fidèles interprêtes de votre ame.

Vous aimez, Monseigneur, si vous l'avez dit : aussi votre parole m'assure encore plus de mon bien que ma possession. Je me fie en elle, moi qui aurais sujet de me défier des arrêts de Jupiter ; et pour qui tant d'oracles ont été menteurs. Je ne tire pas peu de gloire de trouver place dans une mémoire qui d'ordinaire est remplie des ordres du Roi et des résolutions du Conseil. Mais je suis bien plus glorieux d'être aimé d'un homme qui voit tous les emplois et toutes les charges au-dessous de lui, qui fait sérieuse profession de probité et d'honneur, que la cour n'a su corrompre, ni la guerre effaroucher. Je pense tout dire quand je dis cela. Et n'est-ce pas un miracle de se sauver, sans fuir, de la contagion d'un siècle gâté ; d'avoir plus de force que le torrent de la coutume n'a de violence ; d'être bon, d'être raisonnable, d'être sage dans le tumulte des passions déchaînées ?

En cet endroit il faut, s'il vous plaît, que vous me pardonniez la liberté que je m'en vais prendre ; permettez-moi de vous demander si vous emploierez toujours la raison à un usage qui semble lui être si contraire ? Exercerez-vous toujours un art qui est si funeste au repos du monde ? Les sages, Monseigneur, et les vertueux seront-ils ingénieux encore long-tems à la ruine du genre humain ? Il viendra peut-être une plus douce saison après cette-ci ; et le Ciel se pourra reconcilier avec la terre. L'avenir, peut-être, nous garde quelques bons jours, et toutes les fêtes ne sont pas finies. En ce cas-là, vous aurez loisir de vous laisser voir en votre gouvernement ; et c'est pour le moins un fruit de la paix, que j'espère de cueillir au bord de notre belle Charente. Je ne vous dis point de sa part, et comme son poëte, que le Rhin et le Danube lui donnent bien de la jalousie ; je vous dis de mon chef, que j'attends impatiemment l'honneur d'être auprès de vous, et que je suis plus qu'homme du monde,

Monseigneur, votre, etc.

Le 7 janvier 1646.

A M. HEINSIUS[1],

Fils de Daniel Heinsius.

Monsieur,

Vos vers sont de ces esprits séducteurs, qui viennent tenter les anachorètes. Ils ont failli à me faire perdre en un moment le mérite de plusieurs années de solitude, et je vous avoue que j'ai eu envie de revoir un monde qui produit de si excellentes choses. Mais la tentation n'a pas duré ; comme c'est la coutume, les secondes pensées ont été plus sages que les premières. La considération de mon honneur m'a rattaché ici de nouveau ; je me suis imaginé qu'il serait dangereux de vous donner moyen de vous détromper ; et j'ai cru que je ne vous devais point porter une perspective, qui doit toute sa beauté à la distance des lieux et à la pas-

---

[1] On a de lui une bonne édition de Virgile, et des notes très-savantes sur Ovide, Valerius-Flaccus, Claudien et Prudence.

sion de monsieur Ménage. Il vaut bien mieux que je conserve par mon éloignement la bonne opinion que vous avez de moi, que si je m'allais rendre auprès de vous de mauvais offices par ma présence. Sans doute après m'avoir trouvé, vous me chercheriez encore; ne voyant en ma personne rien qui soit digne de mon nom et de votre curiosité, vous demanderiez raison à la renommée de son témoignage, et à monsieur Ménage de son amour.

- Peut-être que j'ai eu autrefois quelque chose qui n'a pas déplu; mais autrefois n'est pas aujourd'hui. La vieillesse qui n'arrive jamais seule, m'accable de tant de maux, que de moindres ruines briseraient de bien plus grands ornemens que ceux que je puis avoir reçus d'un peu d'art et d'un peu de naturel. Le tems est un étrange faiseur de métamorphoses; ce fameux lutteur, qui portait tous les autres par terre dans le parc des exercices, c'est ce pauvre paralytique qui est cloué à son lit, et qui fait pitié à tout le monde.

Je ne suis pas encore réduit à une si déplorable extrémité, mais elle me menace et j'en approche. La force me manque, ma vivacité s'en est allée ; j'ai commencé à mourir par la mémoire ; je perds pièce à pièce mon esprit. Si la Sirène de la France, ainsi vous plaît-il de me nommer, n'est pas tout-à-fait muette, outre que la plupart du tems elle est enrhumée, il ne lui reste qu'un petit filet de voix, qui ne serait pas capable d'endormir le plus assoupi matelot de votre pays. C'est vous, Monsieur, qui êtes en âge et en état de charmer, et non-seulement les compagnons d'Ulysse, mais Ulysse même ; je veux dire que vous avez de quoi plaire également au peuple et aux sages ; de quoi donner de la volupté aux oreilles, et de la satisfaction à l'esprit. Vous avez à vingt-quatre ans tout ce qu'une exquise nourriture peut ajouter à une heureuse naissance ; et cette florissante jeunesse est accompagnée d'un si grand nombre d'autres dons du Ciel, qu'il faudrait que j'eusse dans le cœur plus de trois plaques d'airain, pour n'y pas laisser faire impression à tant de graces. Celles que j'ai trouvées dans les Hendécasyllabes que j'ai reçus, chatouilleraient l'ame du monde la plus ennemie des vers et de la musique. Ne vous repentez point, je vous prie, de m'avoir rendu heureux. Faites durer ma bonne fortune par la continuation de vos bonnes graces. Je les vous demande de tout mon cœur, et veux être toute ma vie avec passion,

Monsieur, votre, etc.

Le 15 janvier 1646.

A M. DE GOMBERVILLE.

Monsieur,

Quand je n'aurais pas reçu votre lettre, je ne serais pas moins persuadé que je suis de la constance de votre affection. On savait aimer et être fidèle avant que l'écriture fût en usage; et depuis qu'on a su écrire on a menti, on a trompé, on a fait des faussetés par écrit; on a même empoisonné dans des lettres, et la haine a été ingénieuse jusqu'à se faire des armes de ces marques d'amitié.

Je ne veux pas dire par là qu'il ne faille jamais se fier à une si dangereuse communication; je dis seulement qu'il ne faut pas toujours s'amuser à des signes si douteux, et qui peuvent aussi souvent corrompre la vérité que la déclarer. C'est notre cœur qui nous rend témoignage de notre amour, et qui nous assure l'un de l'autre. Quoique nous n'ayons pas été dans l'agitation du commerce, notre repos n'a pas été sans chaleur, et se taire n'est pas oublier. Si le silence n'a de la vertu, il a pour le moins de l'innocence, et ne touche point à la pureté de la foi promise; bien davantage, il conserve quelquefois la mémoire en la renfermant; et n'y a-t-il pas quelque auteur, ou vieux ou moderne, qui nomme ce bienheureux silence la nourriture de l'ame et de ses pensées.

Je prétends donc que, dix ans durant, vous vous êtes entretenu de moi avec vous-même; assurément tant que vous ne me parliez point, vous me méditiez. Voilà comme je rends justice à votre amitié; ne voulez-vous pas traiter la mienne de la même façon?

Me connaissant au point que vous faites, il me semble que je n'ai pas besoin de me définir tous les jours à vous. Sachant aussi que je vous connais, vous ne pouvez pas douter que je ne sois de la bonne sorte, ou comme parlent les gens qui reviennent de Paris, que je ne sois effectivement,

Monsieur, votre, etc.

Le 13 février 1646.

AU R. P. PIERRE ANDRÉ [1].

Mon révérend Père,

Je ne suis pas un assez digne sujet pour mériter que vous me prêchiez ; et néanmoins, que ne dites-vous point de moi, dans les deux lettres que vous m'avez fait l'honneur de m'écrire ? Je vois par-là que vous abusez de belles paroles, quand vous ne vous en servez pas légitimement. Remettez-les, je vous prie, dans leur premier et leur légitime usage ; n'employez votre bien dire qu'à notre salut, et revenez nous plaire en nous instruisant.

[1] C'est probablement le prédicateur connu sous le nom du *petit Père André*, et dont le vrai nom était Boulanger. On sait qu'il s'était fait une réputation dans l'art de la chaire, en mêlant aux vérités de la religion les plaisanteries les plus bizarres. Il mourut en 1657.

Puisque ma morale et ma politique ne m'ont rendu ni plus homme de bien, ni plus heureux, j'attends de l'Evangile et de vous, ce que Platon et Aristote n'ont pu me donner. Comme il y a *une efficace d'erreur*, de laquelle parle l'apôtre, il y a *une force de vérité*, qui anime l'esprit des hommes apostoliques et se fait sentir en leurs discours. Cette sainte violence ne vous manque pas ; et je me trompe, ou plus d'une fois je l'ai vu sortir de votre bouche, avec des éclairs et du tonnerre, pour agir sur l'ame de vos auditeurs.

La mienne se veut rendre sans résister ; elle gagnera à se laisser vaincre, mais outre l'intérêt, la bienséance l'oblige à cela. Il faut que je vous doive la réformation de ma vie, afin que notre amitié ne fasse point de déshonneur à votre vertu, et que je ne sois pas moins une de vos créatures en notre Seigneur, que je suis,

Mon révérend Père, votre, etc.

Le 18 février 1646.

AU R. P. ÉTIENNE DE BOURGES.

Mon révérend Père,

Vous devriez me plaindre au lieu de vous plaindre de moi. Vous savez bien sur qui tombe tout le malheur de notre séparation, ou pour le moins qui y perd le plus, puisque vous voulez être si bon que de prendre part à ce malheur. Pour ma justification, considérez seulement l'état des choses présentes. Vous êtes le distributeur des graces du Ciel à une lieue et demie d'ici; les trésors de l'Evangile coulent de votre bouche; vous faites des largesses tous les matins, et j'ai le déplaisir que ces biens se font en mon absence. Le peuple reçoit les faveurs et je n'en apprends que les nouvelles, moi qui prétendais d'être votre bien-aimé, moi qui veux et ne puis être auprès de vous.

C'est-à-dire, mon révérend Père, qu'il y

a une force supérieure contre laquelle nous sommes trop faibles, et des maux inévitables que nous rencontrons en les fuyant. Votre théologie me le pardonnera s'il lui plaît, je reconnais aujourd'hui et en ma personne, cette fatale nécessité ; je sens ces contraintes et ces chaînes du destin, qui lient les âmes les plus libres et les plus indépendantes.... Le monde est si importun qu'il ne donne pas le loisir de prier Dieu, et son importunité s'étend si loin, et quelquefois est si curieuse, qu'elle se fait sentir jusques au fond du Désert. Elle va chercher les hommes en un lieu où il est écrit sur la porte, qu'il n'y a personne, que c'est la demeure du silence, que c'est l'asile de l'oisiveté. A notre première vue je vous expliquerai ce dernier article, et vous ferai mes regrets pour recevoir vos consolations. Je suis avec passion,

  Mon révérend Père, votre, etc.

Le 4 mars 1646.

A M. LE CHEVALIER DE MÉRÉ.

Monsieur,

La solitude est véritablement une belle chose, mais il y aurait plaisir d'avoir un ami fait comme vous, à qui on pût dire quelquefois que c'est une belle chose. L'oisiveté est appelée la viande des Dieux, et des hommes semblables aux Dieux, mais c'est quand Scipion et Lælius [1] la goûtent ensemble. Si j'étais votre voisin, que nous ferions de savantes promenades ! Je n'envierais point à la cour ses délicatesses d'esprit, sa sincérité de jugement, les graces et les lumières, dont me parle votre lettre.

Mais si vous n'achetez une maison en An-

---

[1] Caius Lælius, ami de Scipion l'Africain ; ils passaient ensemble une partie de l'année dans la retraite, loin du tumulte de Rome, et livrés à l'étude.

goumois, ce sont des souhaits que je perds sur le papier; et en l'état où je suis, Poitiers est aussi loin de moi que Constantinople. Vous ne me donnez point d'espérance là-dessus; j'ai peur que je sois condamné à languir toujours en ce petit coin du monde; on me laissera toujours à mon mauvais ange et à mes tristes pensées. Il n'y aura ni de remède, ni de soulagement, ni de compassion pour mes maux. Ils sont grands certes, et je suis un dissimulé, toutes les fois que je veux passer pour un homme de bonne compagnie. Tel que je suis, personne n'est plus que moi,

Monsieur, votre, etc.

Le 6 juin 1646.

AU MÊME.

Monsieur,

Si je vous dis que votre laquais m'a trouvé malade et que votre lettre m'a guéri, je ne suis ni poëte qui invente, ni orateur qui exagère ; je suis moi-même mon historien, qui vous rends fidèle compte de ce qui se passe dans ma chambre. Vous savez bien que j'ai très-grande opinion des grandes qualités de votre ame et de votre esprit ; mais vous ne savez pas peut-être, que quand vous n'auriez point de mérite, je ne laisserais pas d'avoir de l'amour. Cet amour, sans doute, me vient d'en haut et les étoiles s'en mêlent. Je reconnais une puissance secrète qui agit sur moi, et il est très-vrai que je ne vous ai jamais vu, ni n'ai jamais songé à vous, que je n'aie senti je ne sais quoi qui m'a chatouillé le cœur. C'est donc me rendre heureux que de rendre justice, comme vous faites, à ma forte et constante inclination ; et puisque je trouve de la nécessité à aimer, je me loue de la fortune, de ce qu'aujourd'hui je n'aime pas sans revanche, comme j'ai fait si souvent au tems passé.

Je ne vous dirai que cela pour moi, qui suis glorieux d'être bien avec vous ; mais il faut vous dire quelque chose pour mes papiers, qui ne reçoivent pas moins de gloire de votre estime, que j'en tire de vos bonnes graces. Ce n'est pas peu de plaire à un homme qui n'ayant que de saines passions, ne peut avoir que de légitimes plaisirs. Le témoignage d'un seul qui voit clair, doit être préféré au soupçon et à l'ouï-dire de tout un peuple d'aveugles ; et vous avez bien plus de droit de juger des ouvrages de l'esprit, vous qui avez de l'esprit et du jugement, que ces docteurs remarquables par le défaut de l'une et de l'autre pièce, qui se servent de la science contre la raison, et accusent Aristote de toutes leurs mauvaises opinions. Vos jugemens pourtant me sont trop avantageux, et vous dites de trop grandes choses de mes papiers. Mais quelle audace serait-ce de contredire un brave et un philosophe tout ensemble ? Ce serait être plus téméraire que modeste. Je suis, Monsieur, avec docilité et respect,

Votre, etc.

Le 24 août 1646.

A M. LE MARQUIS DE MONTAUSIER.

Monseigneur,

Annibal se moqua d'un docteur qui voulut parler de la guerre devant lui. Cette aventure m'a fait peine dans le dessein que j'ai eu de vous écrire, en faveur de monsieur des Ardilliers. Et véritablement je ne sais pas ce que vous diriez de moi, ni pour qui je passerais auprès de vous, si je me hasardais de vous rendre témoignage d'un officier de vos troupes, y ayant si peu d'affinité entre sa profession et la mienne.

S'il y a moyen, je ne veux rien faire de ridicule; j'enferme mon jugement dans les bornes de mon art; je ne me mêle point de donner prix à des choses que je n'entends point; je pense seulement, Monseigneur, que vous ne désapprouverez pas la passion que j'ai pour un homme qui ne m'entretient que de votre histoire, et qui se console de plusieurs maux qu'il a soufferts, par le seul honneur qu'il a eu de servir sous vous. Il y a dix mois que nous sommes sur cette matière ; et je trouve en lui une admiration si intelligente de votre vertu, tant de chaleur et tant de zèle pour votre gloire, que quand il ne serait pas tout percé de coups, et qu'il ne pourrait pas montrer ses blessures d'Allemagne et ses blessures de Catalogne, je ne saurais croire qu'il vaille peu, connaissant au point qu'il fait ce que vous valez. C'est à tout le moins le témoignage que je lui dois, et la reconnaissance qu'il a méritée de moi, pour les douces heures qu'il m'a fait passer par le récit de vos belles actions. Je voudrais lui être aussi utile qu'en cela il m'a été agréable ; mais je ne puis rien dans le monde, et ne sais faire que des vœux dans le Désert.

Je sais pourtant encore quelque autre chose : jamais homme, Monseigneur, n'a su mieux devoir que moi les graces que l'on fait à ses amis. Celui-ci n'a pas sujet d'être fort content de sa fortune, et pour moi, ne pouvant que lui en souhaiter une meilleure, si vous le jugez digne de quelqu'une de vos faveurs, je la partagerais volontiers avec lui, et ne serais pas moins que si je la recevais moi-même,

Monseigneur, votre, etc.

Le 21 janvier 1647.

Fin des Lettres de Voiture et Balzac.

TABLE

DES LETTRES CHOISIES

DE VOITURE.

A M. le duc de Bellegarde, Page 1
A M. le Cardinal de la Valette, 5
A Mlle de Rambouillet, 15
A Mlle Paulet, 17
A la même, 19
A la même, 26
A M. de Chaudebonne, 29
A M. de Puy-Laurens, 32
A M. de Chaudebonne, 37
Au même, 43
A M. le Cardinal de la Valette, 47
A Mlle de Rambouillet, 50
A M. le duc de Bellegarde, 54
Au Cardinal de la Valette, 56
A Mlle de Rambouillet, 61
A M. ****, 65
Au Cardinal de la Valette, 86
Au même, 90

TABLE

DES LETTRES CHOISIES

DE BALZAC.

A M. de Bourdigal Candé, page 181
A M. le Président Maynard, 185
A M. le Duc de ***. Pour M. le Colonel de ***. 188
A M. Girard, 190
A M. Séguier, 194
A M. l'Archevêque de Toulouse, 197
A M. Séguier, 200
Au même, 204
A M. Scudéry, 212
A M. Chapelain, 220
A M. Conrart, 222
A M. le C.te de la Motte Fénélon, 225
A M. le Maire d'Angoulême, 228
A M. Favereau, 231
A M. de Couvrelles, 233
A M. de ***. 236
A M.me de Villesavin, 241

TABLE.

A M. le Marquis de Montausier, page	243
A Mme Desloges,	246
A M. de Saint-Chartres,	249
A M. de Borstel,	252
A M. l'Evêque de Grasse,	255
Au même,	257
A M. Bouthillier,	259
A M. de Bourzeys,	262
A M. de Montreuil,	265
A M. de Saint-Chartres,	267
Au R. P. D'estrades,	269
A M. le Duc de la Rochefoucault,	273
A M. Conrart,	276
A M. Zuylichem,	278
A M. du Ferrier,	283
A M. de Zuylichem,	285
A M. de Bellejoye,	289
A M. de la Vauguyon,	292
A M. de Rampalle,	295
A M. le Cte de Clermont de Lodève,	297
A M. L'huillier,	300
A M. de la Nauve,	306
A M. de Priezac,	308
A M. du Bourg,	310
A M. de Bois-Robert Métel,	312
A M. de la Nauve,	315
A M. de Villemontée,	317
A M. de Couvrelles,	320

TABLE.

A M. Séguier, page	322
A M. le Président de Pontac,	325
A M. de la Thibaudière,	327
A M. L'huillier,	329
A M. de Bayers,	331
A M. Girard,	334
A M. Séguier,	337
A M. de Villemontée,	340
Au R. P. Adam,	343
A M. Corneille,	346
Au R. P. Vital Théron,	350
A Mme la Duchesse de*****	352
Au R. P. Vital Théron,	355
Au R. P. Dalmé,	358
A M. de Gomberville,	361
Au R. P. Hercule,	364
A M. de Saumaise,	367
Au R. P. de Marin,	369
A M. Ménage,	372
A M. le Comte de Jonsac,	374
A M. Campagnole,	376
A M. l'Abbé Talon,	378
A M. Dupuy,	380
A M. Guyet,	383
A Mme la Comtesse de Brienne,	386
A M. de Bois-Robert Métel,	388
A M. le Duc d'Epernon,	391
A M. le Duc de Grammont,	395

A M.me la Princesse,	page 397
A M. Conrart,	400
A M. de la Chetardie,	402
Au R. P. Tesseron,	404
Au R. P. Corlieu,	406
A M. Gombauld,	408
A M. d'Argenson,	410
A M. de Lymerac de Mayat,	413
A M. Ménage,	415
A M. de ****.	418
A M. le Marquis de Montausier,	421
A M. Heinsius, fils de Daniel Heinsius,	424
A M. de Gomberville,	428
Au R. P. Pierre André,	431
Au R. P. Étienne de Bourges,	433
A M. le Chevalier de Méré,	435
Au même,	437
A M. le Marquis de Montausier,	440

Fin de la Table.

TABLE.

A Mlle de Rambouillet,	Page 95
A M. le Cardinal de la Valette,	98
A M. l'Evêque de Lisieux,	103
A Mme la duchesse de Savoie,	107
A M. de Chavigny,	110
A M. le comte de Guiche,	113
Au même,	117
A M. Costar,	120
Au président de Maisons,	130
Au même,	133
A M. le duc d'Enguien,	135
A M. le marquis de Montausier,	140
A Mme la marquise de Vardes,	142
A M. le comte d'Alais,	145
A M. d'Avaux,	147
A M. le maréchal de Grammont,	152
A M. le duc d'Enguien,	155
A M. le duc de la Trimouille,	158
Au même,	161
Au duc de la Trimouille,	163
Au duc d'Enguien,	165
A M. Costar,	169
A M. d'Avaux,	172
Au même,	177

www.ingramcontent.com/pod-product-compliance
Lightning Source LLC
Chambersburg PA
CBHW050239230426
43664CB00012B/1760